서로를 사랑하지 못하는 엄마와 딸

서로를
사랑하지 못하는
엄마와딸

유아이북스
Ultimate Information

서로를 사랑하지 못하는 엄마와 딸

1판 1쇄 발행 2014년 4월 10일
1판 2쇄 발행 2015년 4월 5일

지은이 호로이와 히데아키
옮긴이 박미정
펴낸이 이윤규

펴낸곳 유아이북스
출판등록 2012년 4월 2일
주소 서울시 용산구 효창원로 64길 6
전화 (02) 704-2521
팩스 (02) 715-3536
이메일 uibooks@uibooks.co.kr

ISBN 978-89-98156-16-9 23180

값 13,000원

이 도서의 국립중앙도서관 출판시도서목록 (CIP) 은 서지정보유통지원시스템 홈페이지
(http://seoji.ni.go.kr) 와 국가자료공동목록시스템 (http://www.ni.go.kr/kolisnet) 에서
이용하실 수 있습니다 .(CIP 제어번호 : CIP2014009471)

상처받은 딸, 더 아픈 엄마

"엄마는 어릴 때부터 손찌검을 자주 했어요. 집안일도 곧잘 시켰고요. 그런데 제가 제대로 못 하거나 곧바로 대답을 안 하면 머리를 쥐어박거나 발로 차기도 했어요. 불처럼 화를 낸 후에는 꼭 '나는 너 같은 애 몰라!' 하면서 밥을 주지 않았어요."

"어머님이 당신에게 체벌을 가하거나 밥을 주지 않는 것은 명백한 학대예요."

제게 상담을 받으러 온 어떤 여성과의 대화입니다. 그녀는 말합니다.

"확실히 고등학교, 대학교에 올라가니 때리는 일은 줄었어요. 그래도 화가 나면 손찌검을 하거나 물건을 집어 던지는 건 여전했죠. 엄마한테 맞는 게 익숙해졌다고 할까요. 다칠 정도로 심하게 때리는 것도 아니고요…. 그보다 더 괴로운 건 제가 하고 싶은 일이나 좋아하는 일을 엄마가 부정하는 거예요."

이유가 궁금해 물었습니다. 그러자 이렇게 답합니다.

"제가 하는 일을 엄마가 인정해주면 좋겠다고 언제나 마음속으로 바라고 있어서인지도 모르겠어요. 어릴 때부터 자진해서 집안일을 도운 것도 그런 마음 때문이었을 거예요. 제가 엄마에게 도움을 주고 있다고 생각하면 기뻤거든요. 엄마를 도와주면 칭찬받을 것 같아서요. 엄마가 아무리 때려도 저는 늘 엄마에게 인정과 칭찬을 받고 싶었어요."

저는 이 대목에 주목합니다.

"엄마에게 인정과 칭찬을 받고 싶어요."

상담 현장에서 참 자주 듣는 말입니다. 그 말을 들을 때마다 사랑받고 싶다는 내담자의 마음이 절절하게 느껴져 마음이 아픕니다.

사람은 자신을 소중히 여겨주는 사람을 찾기 마련입니다. 그 사람이 어떤 사람이든 어떤 대우를 하든 길러준 사람에 대해 애착을 갖는 법입니다.

그런데 이 엄마는 자신의 딸이 학생에서 사회인이 되자 딸의 모든 꿈을 부정하고 짓밟았다고 합니다. 그래도 딸은 인정받고자 하는 일념 하나로 엄마에게 자신의 마음을 호소했지만, 엄마의 차가운 태도는 변하지 않았습니다. 앞으로 나아가고 싶지만 나아갈 수 없다고 고백하는 그녀의 표정은 정말 괴로워 보였습니다.

하지만 그 후 그녀는 저도 예상하지 못했던 놀라운 결단을 내립니다.

끝내 자신을 인정해주지 않았던 엄마와 결별한 그녀가 선택한 길은 과연 무엇일까요?

이 책에는 수많은 엄마와 딸의 이야기를 소개하고 있습니다.

이야기라고는 했지만 실제 모녀관계를 참고로 쓴 것이라 자신의 상황과 꼭 맞다고 생각하는 분도 있을 것입니다. 각 이야기에 등장하는 분들의 승낙을 얻은 후 프라이버시를 보호하기 위해 개인적인 사항은 그대로 쓰지 않고 조금 바꾸었습니다. 본인의 이야기라고 느껴져도 그것은 우연의 일치일 뿐입니다.

이 책에 소개된 이야기들은 저와 만난 적 없는 분이 읽어도 마치 자신의 이야기처럼 느껴질 정도로 우리 주변에서 충분히 일어날 수 있는 일들입니다. 조금 시간이 지난 이야기도 포함되어 있지만 엄마와 딸의 관계를 잘 드러내고 있다는 조언을 받아 약간 수정하여 소개하게 되었습니다.

이 이야기를 쓰게 된 계기는 지금까지 만난 엄마와 딸들의 존재입니다. 20년 이상 상담 현장에 몸담아온 저는 지금껏 수백 명 이상의 엄마와 딸을 만났습니다.

모녀의 삶의 방식은 각각 다른 그녀들 자신의 것이며 그 체험 속에는 분명 수많은 엄마와 딸이 공유할 수 있는 무언가가 있다고 생각합니다. 그것이 이 책의 집필 이유이기도 합니다. 엄마와 딸인 이상 공유할 수밖에 없는 '무언가'. 이 책에서는 그 무언가를 찾아내려 합니다. 그 '무언가'를 발견함으로써 과거 지옥과 구원을 경험한 엄마와 딸도, 혹은 앞으로 경험할 엄마와 딸도 다시금 자신의 인생을 돌이켜보고 마음을 가라앉힐 수 있는 힌트를 찾게 되지 않을까요?

이 책을 쓰면서 이야기를 들려준 한 분 한 분의 얼굴과 목소리가 떠올랐습니다. 저는 엄마와 딸의 호소에 귀를 기울이고, 마음 아파하고, 눈물 흘리며 마음이 열리는 경험을 했습니다. 그분들이 그 이후 어떤 인생을 살고 있는지는 알 수 없습니다만 한 분 한 분이 의미 있는 인생을 살기를 지금도 바랍니다.

모쪼록 이 책을 통해 지금 모녀 관계로 고민하거나 괴로워하고 있는 많은 딸과 엄마가 자신의 관계를 다시 바라볼 수 있기를 바랍니다.

제 2 장 🌰 딸에게 복종을 요구하는 엄마들

제 3 장 ✿ 너무나 버거운 엄마의 사랑

제 4 장 🥬 엄마처럼 살고 싶지 않아!

제 5 장 🥬 엄마와 딸의 적당한 거리

그래도 엄마에게
사랑받고 싶어요

엄마의 품으로 돌아가기 위한 여행

겉으로는 좋은 엄마처럼 보이지만 끊임없이 감시와 통제를 일삼
으며 딸을 정신적·육체적으로 몰아붙이는 어머니들이 있다. 불합
리한 상황이라 해도 엄마에게 사랑받고 싶은 것이 딸의 마음이다.
그저 '엄마는 나에게 대체 왜 그럴까?'라는 의문만 머릿속에 맴돌
뿐이다. 그런 내적 갈등이 딸을 더욱 궁지에 몰아넣고 출구를 찾
을 수 없는 무력함 속에 가둬버린다.

　그렇다면 딸은 엄마의 일방적인 행동을 참아가며 어쩔 수 없이
평생 엄마를 따르며 살아야 할까? 이 장에서는 일방적인 엄마에
맞서서 자신을 되찾고 결국 자신의 길을 향해 한 발짝 내디딘 딸
들을 소개하려고 한다.

　이 장에 등장하는 딸들의 공통점은 자신을 진심으로 이해해
주는 사람을 찾아 홀로서기를 했다는 것이다. 자신을 억압했던 엄

마를 떠난 것처럼 보이지만 사실은 헤어짐이 아닌 다시 엄마의 품
으로 돌아가기 위한 여행인 것이다.

　내가 한 일이라고는 아주 잠깐의 시간을 공유하며 그들을 괴롭
혀온 갈등에 다가가도록 한 것뿐이다. 자신의 길을 결정하고 결론
을 내린 것은 바로 그들 자신이었다.

아들과 딸을 차별하는 엄마

아들과 딸을 대하는 태도가 다른 엄마들이 있다. 아들에게
는 한없이 다정하지만 딸이 하는 일에는 사사건건 반대하고
시비를 건다. 언어폭력은 물론이고, 심지어 육체적 폭력으로
이어지는 경우도 있다. 다음은 딸을 미워하는 엄마와 그럼에
도 엄마에게 사랑받고 싶어하는 딸의 이야기다.

엄마 : 50대, 딸 : 김윤주(가명), 20대

: 짜증이 나면 밥부터 주지 않아

윤주 씨는 훤칠한 키에 눈매가 길고 시원한 눈에 띄는 미인이
다. 하지만 정작 본인은 그런 자신의 용모가 부담스럽다는 듯 긴
머리를 뒤로 질끈 묶고 청바지에 점퍼와 같은 보이시한 차림을 고
집했다.

언젠가 이성과의 관계를 얘기하다가 남자들에게 인기가 많은
편이냐고 물었다. 그녀는 약간 쓸쓸한 미소를 지으며 대답했다.

"남자친구는 있는데 그렇게 사이가 좋지는 않아요. 제가 좀 어
둡잖아요."

윤주 씨가 나의 상담실에 방문하게 된 계기는 상담실에서 주최한 채용세미나였다. 하지만 취직이 잘 안 된다는 것은 상담을 받기 위한 구실이었다. 실은 다른 일로 상담을 받고 싶다면서 엄마 이야기를 꺼냈다.

구직활동을 시작한 지 꽤 오랜 시간이 지났지만, 하고 싶은 일이나 들어가고 싶은 회사에 대한 말만 꺼내면 엄마가 트집을 잡고 반대한다는 것이었다. 그녀는 글을 다루는 일을 하고 싶어 했다. 작은 출판사라도 좋으니 자신의 손으로 책이나 잡지를 만드는 것이 꿈이라고 했다.

하지만 윤주 씨의 어머니는 딸의 꿈을 응원하기는커녕 훼방만 놓는다는 것이다.

"네가 그런 일을 할 수 있을 것 같아?"

"출판사 일은 꼼꼼해야 하는 거 아냐? 너처럼 덜렁거리는 애가 어떻게 그런 일을 한다는 거야?"

이런 식으로 사사건건 트집을 잡는다고 했다.

엄마의 태도가 예전부터 그랬느냐고 물었더니, 초등학교 저학년까지는 다정했던 걸로 기억한다고 했다. 그 무렵 윤주 씨와 나이 차가 꽤 나는 남동생이 태어났는데 그때부터 자신을 대하는 태도가 차가워졌다고, 그녀는 회상했다.

엄마는 심기가 불편하면 딸에게 화풀이를 했다. 아무것도 아닌 일로 소리를 버럭 지르며 딸을 나무랐다. 심지어 밥을 주지 않는 날도 있었다.

일부러 밥을 주지 않는 일은 중학생, 고등학생이 될 때까지 이어졌다. 대학에 들어가고 나서도 마찬가지였다. 윤주 씨는 그게 싫어서 친구랑 먹고 온다고 핑계를 대고 밖에서 시간을 때우다 집에 들어가곤 했다.

: 심하게 욕설을 퍼붓고 손찌검까지

윤주 씨의 어머니는 흥분하면 마치 무언가에 홀린 사람처럼 딸에게 심한 욕설을 퍼부었다.

어릴 때부터 어머니는 윤주 씨에게 집안일을 자주 시켰는데, 언제 폭발할지 모르는 엄마의 분노에 잠시도 긴장을 늦출 수 없었다. 어느 날은 엄마가 좀 도와달라고 딸을 불렀는데 공부를 하던 중이라 곧바로 대답하지 못했다. 그러자 엄마는 빨리 대답을 하지 않는다고 불같이 화를 내고는 밥을 주지 않았다.

"그건 명백한 학대예요."

내가 말하자 윤주 씨는 "아, 그런 것도 학대에 들어가나요?" 하고 놀란 표정을 지으며 말했다. 그만큼 그런 일이 그녀에게는 일상적이라는 얘기였다.

학대를 받고 있다는 사실을 상대에게 전할 때는 전하는 쪽도 무척 괴롭다.

약 10년 전까지는 그것이 학대라고 말하면 윤주 씨처럼 놀란 반응을 하는 경우가 많았다. 그러나 최근에는 "어렴풋이 느끼고는 있었어요" 혹은 "인정하고 싶지는 않지만 역시 그렇군요"와 같은 대답을 하는 사람이 늘었다. 학대에 관련된 사건들이 종종 뉴스에 나오기 때문일까.

나이가 어릴수록 신체적 학대가 일상적으로 일어나면 그것을 당연시하게 된다. 나아가 아이는 학대에 익숙해지고, 급기야 아무런 위화감을 느낄 수 없게 된다.

엄마의 폭력에 대해 구체적으로 물었더니 어릴 때는 손으로 때리거나 발로 차는 일이 잦았다고 한다.

"요즘은 잘 안 때려요. 하지만 지금도 흥분하면 1년에 한두 번은 그래요."

그녀는 대수롭지 않게 말했다. 1년에 한두 번이라고 해도 스무 살이 넘은 딸을 아직도 때리거나 발로 차는 엄마의 행동은 정상으로 보기 어렵다.

"엄마한테 맞는 건 이제 익숙해졌다고 할까요. 다칠 정도로 심하게 때리는 것도 아니고요. 그저 자기 감정을 주체할 수 없어서 때리는 느낌이랄까. 그보다 더 괴로운 건 제가 하고 싶은 일이나 좋아하는 일을 엄마가 부정하는 거예요. 정말 하고 싶은 일인데 엄마가 반대하거나 안 좋은 소리를 하면 아무래도 상처를 받죠. 물론 반발심이 일기도 하지만, 내심 제가 하고 싶은 일을 엄마에게 인정받기를 바라기 때문일지도 모르겠네요."

어릴 때부터 자진해서 집안일을 도운 것도 그런 마음 때문이었다고 윤주 씨는 말한다.

"제가 엄마에게 도움이 된다고 생각하면 기뻤거든요. 엄마 일을 제대로 도와 드려서 칭찬받고 싶은 마음도 있었을 거예요."

하지만 그런 그녀의 기대는 언제나 무참히 박살이 났다.

사춘기 때는 그런 엄마의 행동이 괴로운 나머지 어떻게든 엄마와의 관계를 개선하려고 아버지에게 의논한 적도 있다. 엄마에게 직접 말해 봐도 들으려 하지 않았기에 우선 아버지에게 사정을 털어놓고 중개자 역할을 부탁한 것이다.

어느 날 엄마와 심한 말다툼이 벌어졌다. 엄마가 더는 자신의 말을 들어주지 않자 딸은 아버지에게 자신의 마음을 엄마에게 전해달라고 부탁했다.

그러나 자기 몰래 딸과 아버지가 손을 잡고 있다는 것 자체가 엄마의 심기를 거스른 모양이었다. 자신의 잘못은 전혀 인정하지 않은 채, "그때는 그게 아니라 다른 일로 나무라 거잖아. 쟤는 아무것도 모르면서 저러는 거라고" 하고 따질 뿐이었다. 심지어 "왜 당신은 윤주 편만 드는 거야? 결국 나만 나쁜 사람이네?" 하며 피해망상에 사로잡혀 남편을 책망했다. 윤주 씨에게는 다정했지만, 기가 약했던 아버지는 결국 아내가 히스테리를 부리자 점점 입을 다물게 되었다.

윤주 씨는 두 번 다시 아버지에게 그런 부탁을 하지 않았다. 다만 스스로 헤쳐나가는 수밖에 없다고 체념했다. 이따금 아버지는 걱정스러운 얼굴로 "괜찮니? 무슨 일 있으면 아빠에게 말하렴" 하고 말을 걸어오기도 했지만, 그때마다 괜찮다고 답하며 밝은 척할 수밖에 없었다. 그렇게 말하는 그녀의 어깨는 어느 때보다 축 처져 있었다.

: 그래도 이해하려고 애는 썼다

윤주 씨에게 쌀쌀맞은 어머니는 남동생에게만큼은 한없이 다정했다. 집안일은 윤주 씨에게만 시켰고 동생에게는 아무것도 시키지 않았으며 때린 적도 없었다. 동생을 대하는 엄마는 상냥하고 따뜻했다.

"엄마가 남동생만 예뻐하는 게 불공평하다고 생각하지 않나요?"

"불공평하다고는 생각하지만 나이 차이가 많이 나니까 어쩔 수 없죠. 다만, 너무 오냐오냐 키우면 안 될 것 같아요. 집안일 하나 제대로 못 하면 혼자 살 때 고생할 테고, 결혼해서 맞벌이를 하게 되면 결혼생활도 삐걱거리지 않을까요? 우리 엄마는 제 손으로는 아무것도 못 하는 남자를 만들고 있는 거죠."

윤주 씨와의 상담을 통해 느낀 것은, 그녀가 남동생과 자신을 차별하는 것이 불공평하다고 엄마를 원망하기보다는 상황을 객관적으로 분석할 만큼 총명하다는 것이다. 자신을 구해주는 것을 도중에 포기해버린 아버지에 대해서도 "애초에 부부관계가 좋지 않았으니 어쩔 수 없었겠죠" 하고 이해하려 했다.

이렇게 자신에게 닥친 일을 가능한 한 담담하게 받아들이려고 하는 윤주 씨의 총명함이 오히려 그녀 자신을 궁지로 몬 것은 아닐까 하는 생각도 들었다.

그녀는 자신을 한결같이 부정하는 엄마에 대해서도 엄마의 입장에 서서 이해하려고 노력했다.

"엄마가 왜 나에게 쌀쌀맞게 대하는지, 뭐가 불만인지를 냉정하게 생각해봤어요. 어릴 때 엄마는 무척 힘들게 살았고 결국 자신의 꿈을 펼치지 못한 게 억울했던 거예요. 돌아가신 외할머니가 무척 엄했다고 해요. 그래서 엄마는 자신이 가고 싶은 길을 어쩔 수 없이 포기했다는 얘기를 아빠에게 들은 적이 있어요. 그러니 모든 걸 자유롭게 하는 제가 미웠겠죠. 그런 기분을 이해 못 하는 건 아니에요. 엄마도 정말 불쌍한 사람이니까요."

아무리 모진 소리를 하고 트집을 잡아도 윤주 씨는 자신의 진로를 엄마와 의논해서 정하고 싶어했다. 힘내라는 엄마의 응원을 들으며 새로운 길에 첫발을 내딛고 싶었기 때문이다. 그렇기에 엄마가 이해해주기를 바라는 마음으로 하고 싶은 일에 대해 거듭 의논했다. 그러나 엄마의 반응은 냉담했다.

: 피난처로 삼았던 남자친구에 집착

그로부터 얼마 후 상담을 받으러 온 윤주 씨는 파리한 얼굴로 이제는 죽고 싶다고 말했다.

진로를 놓고 또다시 엄마와 크게 말다툼을 벌였는데 엄마가 "그렇게 네 마음대로 하고 싶은 일 하면서 살려거든 이 집에서 나가"라고 했다는 것이다. 나가라는 말을 들은 건 처음이 아니었지만 '하고 싶은 일을 하려거든 나가'라는 말을 들은 것은 처음이었다. 엄마는 내가 그렇게 싫은 걸까 하는 생각에 윤주 씨는 마음이 무거웠다.

이제껏 부모의 그늘에서 살아온 그녀에게 집을 나가는 것은 큰 심리적 부담으로 작용하는 듯했다. 아무리 냉대를 당해도 딸은 엄마의 애정을 갈구하는 입장이니 이러니저러니 하면서도 자신을 길러준 엄마에게 버림받을까 초조함을 느꼈을 것이다.

당시 윤주 씨에게는 사귀는 남자가 있었지만 그와의 관계도 원만치 않았다. 그녀가 연애에 대한 고민을 털어놓은 적이 있었다.

"헤어지고 싶은데 좀처럼 입이 떨어지지 않아요. 남자친구를 정말 좋아하는지조차 모르겠고요. 엄마와 갈등을 빚을 때마다 그 사람을 피난처로 삼아 왔는데, 저에게는 그와의 관계가 신경안정제 같은 것인지도 모르겠네요. 남자친구를 이용하고 있는 저 자신을 용서할 수 없어요. 시간이 지날수록 그 사람에게 미안한 마음만 점점 커져요. 하지만 막상 헤어지려고 하면 심장이 두근거려 말이 나오지 않네요. 마지막 피난처를 잃는 건 아닌가 하는 생각에 두렵기도 하고요."

자신의 마음을 확인하듯 윤주 씨는 말했다.

"그 사람한테 정말 미안해요."

그녀는 처음으로 내 앞에서 눈물을 보였다. 가족이나 애인을 배려하느라 계속 눈물을 참았던 것이다. 그런 윤주 씨에게 나는 이렇게 조언했다.

"계속 엄마의 화풀이 상대가 되어 줄 필요가 있을까요? 이대로 갈등을 끌다 보면 제대로 된 연애도 어려울 테고요. 물론 집을 나가는 것이 불안하겠지만, 일단 엄마와 거리를 두는 것도 한 가지 방법이라고 생각해 보면 어때요? 부모라고 해서 언제까지나 함께 살 필요는 없어요. 어느 정도 거리를 두는 것이 해결의 실마리가

서로를 사랑하지 못하는 엄마와 딸

될 때도 있답니다."

그 말을 들은 윤주 씨는 잠시 생각에 잠기더니 "그럴지도 모르겠네요. 생각해 볼게요" 하고 진지한 표정으로 말했다.

부모와 거리를 두도록 하는 것은 나뿐 아니라 상담사 대부분이 부모와 갈등을 겪는 내담자에게 자주 하는 조언이다. 나의 경우 내담자가 대학생이나 사회인이라면 독립해서 혼자 살 것을 권유하기도 한다.

조언을 들은 내담자는 보통 "괜찮을까요?", "제가 잘할 수 있을까요?" 하며 부모와 떨어져 혼자가 되는 것을 불안해한다. 하지만 그것은 막연한 불안이다. 달리 도망칠 곳이 없을 거라고 마음속으로 포기해버렸기 때문일 것이다. 실제로는 집에서 나와 혼자 살기 시작한 내담자가 문제를 해결해나갈 확률이 훨씬 높다.

윤주 씨 같은 경우도 부모와 한번쯤 거리를 둘 필요가 있다. 부모와 심리적인 거리를 두는 것이 가장 이상적이지만, 당장은 어려우므로 우선 부모의 집에서 나와 물리적으로 떨어져 보는 것이다.

한편, 내담자가 고등학생 이하의 어린 나이라면 엄마와 딸을 앞에 두고 상담 초반부터 '언젠가는'이라는 말을 자주 하게 한다. 불안에 떨지 않는 범위에서 '언젠가' 딸이 집을 나갈 것을 환기하는 것이다. '언젠가' 엄마와 딸이 헤어지는 날이 온다는 사실을 마음 한편에 두고 의식하는 것은 서로에게 거리를 두는 데 큰 효과가 있다.

구직활동으로 바쁜 것인지 그로부터 한참동안 윤주 씨의 소식을 들을 수 없었다.

∶ 급작스러운 결단을 내리다

마지막 상담으로부터 3개월이 지난 어느 날, 그녀에게 연락이 왔다. 중견 출판사와 작은 출판사에 채용이 내정되었다는 소식이었다. 중견 출판사에는 제1지망으로 도서기획을 희망했지만, 영업이나 홍보부로 배치될 가능성도 무시할 수 없다고 했다. 반면에 작은 출판사는 월급은 적지만 자유롭게 일할 수 있을 것 같다며 윤주 씨는 들뜬 표정으로 말했다.

하지만 그로부터 한 달도 채 지나지 않아 그녀는 나에게 놀라운 결심을 들려주었다.

"많이 고민하고 내린 결정인데요. 저 지방으로 내려가 전통무용을 전수받기로 했어요."(원문에는 게이샤가 되겠다고 나와 있으나 문화 차이를 감안해 수정했습니다 - 편집자주)

"전통무용이요?"

어렵사리 취직이 내정된 출판사를 그만두고 전통무용을 배우겠다니, 그 짧은 기간 동안 무슨 일이 있었던 것일까.

"하고 싶다고 했던 출판일은 어쩌고요?"

그렇게 물으니 그녀는 체념한 듯 말했다.

"그 일은 이제 됐어요. 사실 대학교도 당장 그만두고 싶지만 일단 졸업장은 따놓으려고요. 졸업하면 집을 나올 거예요. 지방으로 내려가 선생님 밑에서 본격적으로 무용수업을 받으려고요."

윤주 씨는 어린 시절 전통무용을 배웠다고 한다. 사정이 여의치 않아 포기하고 있었는데, 얼마 전 우연히 예전 무용 선생님을 만나게 되었다. 선생님은 윤주 씨를 보자마자 "오랜만이야. 무용은 계속하고 있니? 넌 이쪽에 정말 재능 있었는데…. 아직 늦지 않았으니까 마음 있으면 언제든 연락하렴" 하면서 명함을 건넸다. 그 후 윤주 씨는 구직활동을 하면서도 내내 그 일이 마음에 걸렸다.

출판사로부터 합격 통보를 받은 후에도 그 일이 머릿속을 떠나지 않아 그녀는 선생님을 만나러 갔다. 그곳에서 선생님께 설명을 듣고, 제자들과 이야기를 나누며 지금까지 살아온 세계와는 전혀 다른 세계에 매료되었다. 선생님은 제자가 되는 데 필요한 수업이나 수련 내용 등 자세한 이야기를 들려주었다. 물론, 어설픈 각오로는 오래가지 못할 것이라고 못 박는 것도 잊지 않았다.

이유는 알 수 없었지만 그녀는 '이곳이 내가 있을 곳'이라는 강한 느낌을 받았다. 당장에라도 집을 나와 이곳에 오고 싶다는 그녀에게 "이왕 대학에 들어갔으니 제대로 졸업하고 오렴. 부모님께

도 허락받아야지” 하며 선생님이 만류했다고 한다. 제자가 되기로 약속하면서 선생님은 윤주 씨의 ‘어머니’가 되어주었다.

“부모님께는 말씀드렸나요?”

“이제 해야죠.”

지방으로 내려가 전통무용을 전수받겠다고 말하면 반대할 것이 불 보듯 뻔했다. 부모와의 결전을 앞두고, 나와의 상담을 통해 그녀는 마음의 정리를 하고 싶었던 것이리라.

어려운 결심을 했다고 격려하자 윤주 씨는 자신의 의사로 뭔가를 결정한 건 난생처음이라며 수줍으면서도 행복한 미소를 지었다.

: 모든 어머니가 엄마는 아니다

그 후 딸은 엄마의 극심한 반대에 부딪혔지만 동요하지 않고 자신이 선택한 길을 걷고 있다. 부모님께 자신의 결심을 밝힌 후, 다시 ‘어머니’를 찾아가 지금까지 부모님과 있었던 일, 나와 상담을 받았던 일 등 모든 것을 털어놓았다.

“지금껏 얼마나 힘들었니.”

윤주 씨를 맡아줄 새로운 ‘어머니’는 그녀의 이야기에 귀 기울여주었다.

“그 후로 엄마는 네 맘대로 하라며 저랑은 말도 안 섞어요. 제가 줄곧 바라왔던 엄마는 이제 없어요. 오랫동안 저를 이해해줄 '엄마'라는 존재를 찾아 헤맸는데 이제 저에게는 엄마를 대신할 '어머니'가 있어요. 그분은 엄격하기도 하지만 저를 있는 그대로 받아들이고 응원해주세요. 그분께 많은 걸 배우며 열심히 수련을 할 거예요."

우연히 과거의 제자를 만나 안부를 물었는데 그 제자가 금세 자기 밑으로 들어와 수련을 받겠다고 결심했으니 '선생님'도 놀랐을 것이다. 하지만 그녀는 지금껏 수많은 제자에게 기예를 가르친 사람이다. 과거에는 윤주 씨처럼 친모와의 갈등을 안고 있는 제자도 있었을 것이다. 인생을 아는 그 넓은 품에 파고들고자 하는 그녀의 마음을 충분히 알 것 같았다. 그러한 존재를 윤주 씨는 계속 찾아 헤맸기에.

'어머니'가 상처 많은 윤주 씨를 때론 엄하게, 때론 따뜻하게 품어주는 엄마가 되어주자 그녀는 마음의 안정을 찾게 되었다.

엄마를 대신할 존재를 찾는 것은 많은 도움이 된다. 가까운 사람이어도 좋고, 연예인, 작가와 같은 유명인, 혹은 소설 속 등장인물을 '마음의 어머니'로 삼는 것도 가능하다. 나 또한 마음속 깊이 감명받은 책이 어머니를 대신해주기도 했다. 책뿐 아니라 소중한 사람에게 받은 편지나 부적과 같이 마음을 기댈 수 있는 물건이 될 수도 있다.

중요한 것은 그 인물이나 물건에 얼마나 감정을 이입하고 애착을 느낄 수 있는지 여부다. 또한 그것이 건전한 대상인가 하는 점이 무엇보다 중요하다.

어머니를 대신할 대상은 신중하게 골라야 한다. 사이비종교 등은 결코 바람직하다고 볼 수 없다. 일을 그 대상으로 삼는 사람이 의외로 많은데 이 또한 해결책이 될 수 없으므로 권하지 않는다.

무용 수련이 일반적인 방법이 될 수는 없겠지만, 무용 수련을 받으면서 윤주 씨는 조금씩 마음의 위안을 얻을 것이다. 나는 그렇게 믿는다.

"좋은 어머니가 생겨서 다행이네요. 지금까지 힘들었던 걸 생각하면 수련쯤은 아무것도 아닐 거예요. 당신이라면 충분히 견딜 수 있을 테니 초조해하지 말아요."

그렇게 말하자 그녀는 무척 환한 얼굴로 나에게 말했다.

"솔직히 아빠에겐 미안하다는 생각이 드는데, 이제 엄마에게는 아무 느낌 없어요. 나중에라도 이해해주면 좋겠다는 생각은 하지만 더는 신경 쓰지 않기로 했어요. 엄마와는 이제 끝내려고요."

엄마와는 이제 끝내겠다고, 윤주 씨는 잘라 말했다. 길고 긴 갈등을 끝내고 스스로 엄마와의 연을 끊은 것이다. 괜찮은 선택이라고 생각했다. 그렇지 않으면 그녀는 앞으로 나갈 수 없을 테니까. 그리고 그렇게 한번 엄마와 결별하는 것이야말로 다시금 엄마와 만나는 길을 여는 것이라고 믿는다.

　엄마와 확실히 연을 끊는 것밖에는 방법이 없는 경우가 현실에는 꽤 많다. 엄마와 자식은 핏줄로 이어져 있기에 오히려 명확하게 선을 긋지 않으면 서로에게 지나치게 기대게 된다. 또한, 쉽게 선을 넘고 그 상태를 질질 끌고 가기도 한다. 한 번쯤 선을 확실히 그어두면 갈등에 종지부를 찍을 수 있다. 그래야만 나중에 관계를 회복하는 것도 쉬워진다.

　과거에 어떤 트라우마가 있든지 간에 딸의 앞길을 공연히 방해하거나 훼방을 놓을 권리는 이 세상 어느 부모에게도 없다.

남편에 대한 분노를 딸에게 퍼붓는 여자

> 아버지는 바람을 피우고, 엄마는 남편의 바람을 알면서도 애
> 정을 갈구한다. 남편에게 버림받은 엄마는 그 분노를 딸에게
> 표출한다. 딸은 아버지에게 다가가려하지만 이에 부담을 느
> 낀 아버지는 더욱 멀어질 뿐이다. 폭력적이지만 딸에게 있어
> 유일한 애착의 대상은 엄마뿐이다.
> **엄마 : 40대, 딸 : 강유리(가명), 20대**

: 마음의 문을 걸어 잠그다

그녀는 상담사를 몹시 애먹이는 의뢰인이었다. 고민과 갈등을 안고 있는 것 같긴 한데 말하는 요령이 없고 산만하며 정리가 되어 있지 않았다. 이따금 엉뚱한 말을 하거나 갑자기 깔깔 웃어젖히는 바람에 당황한 적이 한두 번이 아니었다. 이전 상담사 중에는 지금 장난치는 거냐며 화낸 사람도 있었다고 한다.

유리 씨가 처음부터 내게 상담을 받으러 온 것은 아니었다. 그녀의 변덕에 지칠 대로 지친 다른 상담실에서 나에게 위탁을 해 온 것이다.

이전 상담사는 아무래도 유리 씨가 부모에게 폭력을 당하는 것 같은데 그녀의 이야기에 워낙 조리가 없는지라 그것이 참말인지 거짓말인지 잘 모르겠다고 했다. 이런저런 질문을 해보아도 얼버무리다가 결국 아무 말도 하지 않고 돌아가기 일쑤라는 것이다. 상담 시간에 늦거나 아예 오지 않는 등 전반적으로 다루기 힘들다고 했다.

그녀와의 첫 번째 상담에서 나는 다른 상담사들이 포기한 이유를 알 수 있었다. 예약시간 전에 불쑥 나타나더니 내 질문에는 제대로 대답도 하지 않고 "요즘 대학은 이런가 봐요?", "나도 힘들어서…"와 같은 종잡을 수 없는 말을 해댔다. 상담 중에도 짧은 단어를 툭툭 던질 뿐, 산만하고 안정감이 없었다.

"뭔가 하고 싶은 말이 있지 않나요?" 하고 은근슬쩍 떠보아도 "그건 그런데요" 하고는 다시금 의미를 알 수 없는 말을 중얼거린다. 그러다가 휴대전화를 꺼내더니 "아, 이제 가봐야겠어요. 죄송합니다" 하면서 일어나버리는 것이었다. 그녀는 상담 비용을 치른 후 다음 예약을 하고 돌아갔다.

그런 상담이 서너 차례 반복되었지만 이렇다 할 장애의 징후가 보이는 것은 아니었다. 지금 생각하면 유리 씨는 다른 사람을 일부러 당황하게 하거나 놀릴 생각은 없었던 것 같다. 그저 자신의 상태를 어떻게 표현하면 좋을지 몰랐을 뿐이다. 너무 혼란스러운 나머지 자신의 기분이 어떤지, 부모와의 관계가 어떤지 정리해서 말하는 방법을 몰랐던 것이다.

유리 씨는 혼란스러울수록 말을 더듬는 등 상황을 조리 있게 설명하지 못하는 유형이었다. "아버지는요?" 하고 물으면 "싫어요"라는 한마디로 대답을 끝내버린다. "어머니는요?" 하고 물어도 "잘 모르겠어요"라고 할 뿐이었다.

"부모님께 폭행을 당한 적이 있나요?"

"으음, 조금요."

"어느 정도요?"

"으음, 보통이에요."

"왜 그런 일이 일어난 건가요?"

"글쎄요."

모든 대화가 이런 식이었지만 나는 그녀가 자신의 감정을 정리해서 말할 수 있을 때까지 느긋하게 기다리기로 했다.

⠶ 아빠의 외도… 그리고 엄마의 폭력

그녀가 어느 날 머리에 붕대를 둘둘 말고 상담을 받으러 왔다. 머리에 두 군데 상처가 나서 각각 네 바늘, 다섯 바늘 꿰맸다고 했다. 꽤 큰 상처였다.

왜 다쳤느냐고 물으니 엄마가 던진 재떨이에 맞았다고 했다. 명백한 학대행위였다. 상황에 따라서는 신변 보호를 위해 경찰에 신고하는 것도 고려해야 할 상황이었다. 그날만큼은 다른 날처럼 이야기를 대충 듣고 돌려보낼 수는 없었다.

"왜 이렇게 됐는지 처음부터 자세히 말해줄래요?"

유리 씨를 자리에 앉힌 후에 대답을 기다렸다.

여전히 그녀의 말은 단편적이고 설명이 부족하여 알아듣기 어려웠지만, 사태의 심각성을 파악한 것인지 그날만큼은 여러 가지 이야기를 들려주었다. 지금껏 제대로 듣지 못했던 부모와의 관계가 서서히 수면 위로 떠올랐다.

유리 씨의 말에 따르면 아버지는 밖에서 바람을 피우느라 집에는 가끔 들어온다고 했다. 그런데 아버지가 가끔 집에 오는 날이 그녀에게는 큰 혼란을 겪는 날인 듯했다.

유리 씨의 말을 빌리자면 이런 상황이다.

"아빠가 집에 오잖아요, 그럼 엄마랑 자요. 그러면 엄마는 기분이 좋아지죠. 근데 자기 전에 싸움이 나잖아요? 그럼 엄마는 불같이 화를 내다가 폭발해버리는 거예요. 아무도 못 말려요. 매번 그러는 건 아닌데요, 아빠가 집에 들어왔다가 금방 나가려고 하면 그래요. 완전히 괴물처럼 변해서 아빠한테 달려드는데…. 그걸 제가 말리려고 하면 마구잡이로 때리고 발로 차고 그래요. 아빠가 나간 후에도 분이 안 풀리는지 저한테 막 화풀이를 해요.”

유리 씨에게는 오빠가 한 명 있는데 들은 바로는 오빠도 엄마에게 폭행을 당했다고 한다. 그러다 보니 집에 정나미가 떨어져서 이미 10대에 집을 나갔다고 했다. 엄마의 불만과 분노를 딸 혼자서 온전히 감당해야 하는 상황이었다.

그녀의 오빠는 집을 나가 부모와 거리를 둘 수 있었지만, 유리 씨는 부모에게서 떨어지는 것을 두려워하는 성격이라 늘 집에만 있다가 엄마의 화풀이 상대가 되고 말았다.

생활비나 학비는 아버지가 대주고 있었고, 집에 돌아와 엄마와 자고 난 후 잠깐이나마 부부 사이가 좋아지면 딸에게 용돈을 주는 모양이었다. 유리 씨의 입장에서는 아버지가 바람을 피우는 것이 당연하게 느껴졌고, 평소에 집에서 볼 수 없는 아버지는 ‘이따금 와서 예뻐해 주는 아저씨’ 같은 느낌이라고 했다. 아버지의 바람이 시작된 것은 유리 씨가 철이 채 들기도 전이었다고 하니 벌써 10년 이상을 그런 불행한 가정에서 살아온 것이다.

이따금 아버지와 이야기하고 싶을 때가 있지만 아버지는 딸과의 거리를 좁히려는 마음이 없어 보였다. 기분이 좋으면 예뻐해 주기는 하지만 딸이 자신에게 애착을 느끼고 다가가려 하면 도망쳐 버리는 건지도 모른다. 결국, 유리 씨에게는 폭력적이긴 하지만 엄마가 유일한 애착의 대상이었다.

한편, 엄마는 밖에서 바람을 피우는 남편에 대한 불만으로 가득 차 있었다. 언제나 심기가 불편해 뚱해 있다가 갑자기 히스테리를 부리며 딸에게 마구 화풀이를 한다. 그래도, 아니 그렇기에 유리 씨는 엄마를 내버려둘 수가 없다.

"우리 엄마, 불쌍해요."

그 말을 몇 번이고 되뇌더니 엄마에 대해 이렇게 말했다.

"엄마도 외로울 거예요. 고독할 거고. 분명, 슬플 거예요."

: 나를 걱정해 주는 엄마의 모습이 기뻤어요

유리 씨가 머리를 다친 이야기로 돌아가자. 엄마의 히스테리가 폭발한 것은 역시나 아버지가 오랜만에 집에 왔다가 곧바로 돌아간 직후였다. 필요한 물건을 가지러 잠시 들른 모양이었다. 기대가 무너진 엄마는 화를 내며 남편 욕을 퍼부었다.

욕만으로는 성에 차지 않았는지 '사람 무시하는 거야 뭐야?' 하면서 거실에 있던 금속재떨이를 있는 힘껏 집어던졌는데 운 나쁘게도 그곳에 유리 씨가 있었다. 재떨이는 정확히 그녀의 머리에 맞았고, 상처에서는 피가 솟구쳤다.

"어머, 어쩜 좋아. 미안해. 일부러 그런 건 아냐."

정신이 든 엄마는 머리에서 피가 철철 흐르는 딸을 보며 '어머,

어머' 하면서 어쩔 줄을 몰라 했다. 그렇게 큰 상처를 입은 와중에도, 우왕좌왕하는 엄마의 모습을 보며 유리 씨는 '기뻤다'고 했다.

"나를 걱정해준다고 생각하니 오히려 마음이 놓이더라고요."

그 마음을 충분히 이해할 수 있었다. 하지만 엄마의 애정을 그런 곳에서밖에 확인할 수 없는 그녀를 보며 슬픔과 함께 안쓰러운 마음이 들었다.

아무리 자신을 힘들게 해도 나중에 '미안해', '잘못했어' 하고 달래주는 부모를 보며 기뻤다고 말하는 자식이 많다. '이 폭력과 정신적인 고통을 견디기만 하면 또 엄마가 나에게 다정하게 대해줄 거야' 하는 기대. 가해자인 부모에게 받는 사소한 사과나 위로의 말이 그러한 가혹한 상황을 견디는 동기가 되어버리는 것이다. 나는 비슷한 상황을 수없이 봐왔다.

엄마는 유리 씨를 병원에 데려갔고 상처를 치료하는 의사에게 "제가 재떨이를 던졌는데 잘못해서 딸이 맞았어요. 저도 너무 놀라서…"하며 허둥지둥 변명을 늘어놓았다. 자신이 딸을 일부러 때렸다고 생각할까 봐 걱정한 것이다.

이 어머니는 기본적으로 딸을 싫어하는 것은 아니었다. 소중히 대해주고자 하는 마음도 있다. 그것을 알기 때문에 유리 씨도 엄마를 나 몰라라 할 수가 없었을 것이다. 그러나 가장 큰 문제는 그녀가 감정을 조절하지 못한다는 것이었다. 남편에게도 딸에게도 혼란스러운 자신의 감정을 퍼붓기만 할 뿐 수습하지를 못했다. 아버지는 애인의 집으로 도망갈 수라도 있지만 딸은 그런 엄마와 함께 살 수밖에 없다.

: 때론 가정의 해체가 해결책이다

머리 다친 것을 계기로 유리 씨는 생각을 조금씩 말로 표현할 수 있게 되었다. 응어리져 있던 감정이 정리된 것인지 내 질문에 자기 생각을 정리해서 말하기 시작했다. 딸에게 큰 상처를 입힌 것이 미안한 엄마는 딸에게 다정하게 대해주게 되었고 이에 유리 씨가 안정을 되찾았기 때문일지도 모른다.

"우리 부모님 헤어질지도 몰라요."

어느 날 그녀가 툭 내뱉은 말이다. 장기간 교착상태였던 이혼 이야기가 최근 구체적인 진전을 보이기 시작했다고 했다.

"부모님의 이혼에 대해서는 어떻게 생각해요?"

"저는 괜찮은데 엄마가 걱정이에요."

이유를 물으니 아직 아빠에게 미련이 남아 있는 엄마가 불쌍하다고 대답한다. 반면 아버지에 대해 물으니 "하지만 아빠도 진짜 좋아하는 사람이 있는데 집에는 들어 와야 하고. 그건 그것대로 안됐죠" 하며 양쪽 모두의 편을 들었다.

"유리 씨는 엄마 아버지 모두 사랑하는군요?"

그렇게 말하자 낮은 한숨을 쉬면서 대답했다.

"둘 다 하는 행동을 보면 너무하다 싶지만요, 밉다든가 원망스럽다든가 그런 마음은 안 들어요. 가끔이지만 다정하게 대해줄 때도 있으니까요."

이 일을 하면서 줄곧 느끼는 것이 있다. 이렇게 마음속 고민을 털어놓거나 상담을 받으러 오는 사람에게는 사랑을 품는 힘이 있다는 것이다. 상담이 모든 것을 해결해줄 수는 없지만 신뢰할 수 있는 사람과 상담할 수 없거나 마음을 열지 못하는 사람들은 결과적으로 범죄에 휘말리는 경우가 많다. 그러나 사람을 믿는 힘이 있다면 그렇게 될 확률은 매우 낮다.

상담은 그런 사람들 곁에서 아주 작은 힘이 되어줄 뿐이다. 그 다음에는 그들 스스로 인간의 본질적인 사랑의 힘으로 혼란을 딛고 회복해가야 한다.

유리 씨의 말을 들으며 분명 이 사람은 자신의 힘으로 길을 열어갈 것이라 확신했다.

서로를 사랑하지 못하는 엄마와 딸

∶ 진심으로 하고 싶은 일을 깨닫다

그런 유리 씨에게 자신에 대해 깊이 생각하게 만든 '사건'이 일어났다. 그녀는 음악을 좋아해서 라이브 공연을 자주 보러 다녔고 자신이 결성한 밴드에서 보컬을 맡고 있었다. 그러다가 어느 밴드의 리더이자 스튜디오를 경영하는 연상의 남성과 밤을 보냈다고 했다.

심지어 밤을 보낸 후에 그에게 용돈까지 받았다. 얼떨결에 돈을 받기는 했지만 시간이 지나자 심한 죄책감이 밀려 왔다. 자신을 용서할 수 없을 정도로 혐오감을 느낀다고 나에게 털어놓았다.

유리 씨는 그 일로 매우 침울해 있었다. 그 스튜디오 경영자는 아버지처럼 그녀를 예뻐해 주었다. 그런 그에게 귀염 받는 것이 좋아서 거절하지 못하고 호텔까지 따라갔다.

"섹스가 끝나고 당연한 듯이 용돈을 주더라고요. 그건 결국 몸을 팔았다는 얘기잖아요. 그게 나쁜 건 아니죠, 뭐. 남들도 다 그렇게 하고 있고. 하지만 왠지 내가 너무 싫어졌어요. 엄마는 늘 아빠 욕을 하면서도 아빠랑 자고 생활비를 받아 썼는데, 그게 정말 싫었거든요. 그런데 저도 마찬가지가 된 거잖아요. 왜 그런 짓을 한 걸까요…."

유리 씨는 그 일로 맥이 탁 풀려버린 듯했다. 하지만 그 일은 자신은 무엇을 싫어하고, 어떻게 하고 싶은지, 무엇을 바라고 있는지를 생각하는 계기가 되었다. 그녀에게는 뼈아픈 경험이었지만 동시에 자신을 바라보고 자신의 발로 일어서기 위한 기회가 되었다고 할 수 있다.

얼마 지나지 않아 유리 씨는 다니는 대학을 그만두겠다고 단호하게 말했다. 그녀는 현재 음대를 목표로 공부를 시작했다고 한다.

"원래부터 음악이 좋았고, 본격적으로 성악을 공부하고 싶어서요. 대학에 들어가면 그걸 발판으로 유학도 가고 싶어요. 부모님께는 확실히 말해뒀어요. 이혼할 거면 유학비 대달라고. 저도 그 돈 받을 만큼은 고생했잖아요. 의외로 엄마, 아빠 모두 알았다고 하더라고요."

상담 초기, 자신의 감정을 제대로 표현하지 못했던 유리 씨의 모습은 어디에도 없었다. 그녀는 이제 누구에게도 구속받지 않고 자신의 의지대로 나아갈 것이다.

이런 사람이 한다면 한다. 그녀는 이듬해 당당히 음대에 합격해 지금은 성악 연습에 매진하고 있다. 이따금 소식을 들려주는데, 결국 부모님은 이혼했고 엄마도 독기가 빠졌는지 예전처럼 폭발하는 일은 거의 없다고 한다.

유리 씨가 자신의 길을 찾아 나선 것을 보며 나는 상담사로서 뿌듯함을 느꼈다. 사람이 변화하는 데에 상담도 중요한 역할을 하지만 결국 본인의 의지가 가장 중요하다.

가깝고도 먼
집착과 사랑 사이

> 딸을 위한 일이라며 딸의 모든 것을 통제하려는 엄마가 있다.
> 스케줄 관리는 물론 일기장까지 훔쳐보며 감시한다. 성인이
> 된 딸은 집을 떠나 엄마와 물리적 거리를 두지만 보이지 않는
> 족쇄는 풀리지 않는다. 끊임없는 의심과 집착에서 벗어나기
> 위해 딸은 자살시도를 한다.
>
> **엄마 : 50대, 딸 : 박진희(가명), 20대**

: 인연을 끊기 위해 자살을 기도하다

상담사로 일한 지 20년이 넘었지만 내담자와의 상담에서 그때
만큼 동요했던 적이 있을까? 상담사가 놀라거나 초조한 모습을 보
이면 내담자는 불안해진다. 나는 애써 아무렇지 않은 척했지만 진
희 씨와 대화를 나누는 동안 심장은 심하게 고동쳤다.

그 일이 일어난 것은 가을이 코앞까지 다가온 8월 말의 어느
날이었다. 날이 저물어 당일 상담 스케줄을 마치고 퇴근하려는데
문밖에 인기척이 느껴졌다. 피곤한 듯 파리한 얼굴로 상담실에 들
어온 사람은 바로 진희 씨였다.

상담실에 들어설 때 억지스러운 웃음이라도 보이던 그녀였지만 그날은 얼굴에 웃음기가 전혀 없었다. 눈의 초점이 맞지 않았고 얼굴에 살짝 땀이 배어 있었으며 발걸음도 비틀거렸다. 나는 불길한 예감이 들었다.

그날 진희 씨는 오전 예약 시간에 나타나지 않았다. 전화를 해봐도 자동응답기로 넘어갈 뿐이었다. 그녀에게 대체 무슨 일이 일어난 것일까.

"왜 그래요? 무슨 일 있었어요?"

진희 씨는 얼른 입이 떨어지지 않는지 멍하니 내 얼굴을 보면서 우두커니 서 있었다. 상담할 때 사용하는 의자 대신 옆에 있는 소파에 앉히고 기분이 어떠냐고 물었다. 그러자 그녀는 몸을 부르르 떨면서 기어들어갈 것 같은 목소리로 죽고 싶다는 말을 뱉었다.

나는 그 대답에는 반응을 보이지 않고 "기분이 별로 안 좋아 보이는데 오늘 무슨 일 있었어요?" 하고 물었다. 그러자 아침에 일어났는데 자기 자신이 견딜 수 없을 만큼 싫어서 발작적으로 약을 털어 넣고 말았다고 한다. 뭔가에 홀려 약을 집어삼키기는 했지만 갑자기 두려움이 밀려와 화장실로 달려가 게워냈다고 했다. 거북하고 두려운 마음에 잠을 청하던 중 자동응답기 메시지를 듣고 이곳에 왔다고 했다.

역시 그런 거였군, 하고 생각했지만 나는 "잘 게워냈어요. 정말 다행이에요" 하며 그녀를 다독였다. 덜덜 떠는 진희 씨를 보니 약을 삼켰을 때의 공포와 후회가 나에게도 고스란히 전해졌다.

"무사해서 정말 다행이에요."

나는 요동치는 심장을 달래듯 다시 한 번 진심으로 말했다. 그 말에 긴장이 풀린 것인지 진희 씨는 눈물을 뚝뚝 흘리면서 입을 뗐다.

"살아 있는 게 힘들어서, 너무 힘들어서…. 예전부터 나란 사람은 죽는 게 낫다고 생각하긴 했지만 그걸 인정하는 게 무서웠어요. 권 선생님께 진찰받았을 때 죽고 싶을 때가 있느냐는 질문을 받았어요. 그 질문에 그렇다고 답하면 정말 죽어야 할 것 같아서 곧바로 아니라고 거짓말을 했어요…. 그러고 나니 그런 나 자신이 싫어져서, 죽고 싶은 마음이 갑자기 들었어요…. 이제는 모든 걸 다 끝내고 싶어서 약을 털어 넣었던 거예요."

그녀는 띄엄띄엄 마음속에 있는 말을 끄집어냈다.

권 선생은 내가 내담자를 소개해주는 여의사다. 반대로 그에게 환자를 소개받는 일도 있다. 진희 씨가 지나친 불안을 안고 있다는 생각이 들어서 그에게 진찰을 의뢰했다.

사실 권 선생에게 진희 씨의 진찰을 의뢰할 때 희사관념(希死觀念, 자살염려)이 있는 것 같으니 잘 부탁한다고 말했다. '희사관념'이란 자살을 희망하는 것, 즉 죽고 싶어하는 기분이다. 그래서 권 선생은 진희 씨의 이야기를 경청한 후에 "죽고 싶을 때가 있나요?" 하고 물은 것이다. 하지만 이런 그의 배려가 무색하게 진희 씨는 자살기도를 하고 말았다.

진찰 후 권 선생은 자살가능성은 없어 보이나 분명 힘들어하고 있을 테니 조심스럽게 대하라는 메시지를 전했다. 그러나 상담 당일, 결국 진희 씨는 나타나지 않았다. 권 선생과 만난 후 그녀의 감정에 변화가 생긴 것일까. 도통 연락이 되지 않는 탓에 그날 하루를 불안한 마음으로 보냈다.

진희 씨는 혼자 산다. 만약 그녀가 약을 집어삼킨 후 게워내지 않았다면…. 그리 생각하면 지금도 나의 대응이 올바른 것이었는지, 더욱 안전한 접근법은 없었는지 자문하게 된다. 우리처럼 사람의 마음과 접하는 일은, 설사 그것이 유일한 방법이었다고 해도 말 한마디로 내담자의 인생을 좌우할 수 있다. 진희 씨의 자살기도로 다시금 그 사실을 가슴속에 새기게 되었다.

그녀와의 첫 만남은 그 사건으로부터 약 2개월 전으로 거슬러 올라간다.

: 모든 고통은 죄책감에서 비롯

진희 씨가 처음으로 내 상담실을 찾은 날도 자살기도를 한 날과 마찬가지로 저녁 늦은 시간이었다. 5시 넘어서 전화를 걸어 지금 들러도 괜찮겠냐고 묻더니 "아, 오늘은 끝났겠네요"라고 했다. 나는 곧바로 와도 된다고 대답했다. 보통은 다른 날로 예약을 잡지만 목소리에 '오늘'이라는 타이밍을 놓치면 두 번 다시 상담하러 오지 않을 것 같은 절박함이 묻어났기 때문이다.

전화를 끊은 지 얼마 되지 않아 초인종이 울렸다. 문을 여니 한 여성이 눈을 내리깐 채 서 있었다. 머뭇머뭇 "역시 오늘은 너무 늦었죠?"라고 하기에 "아닙니다. 어서 들어오세요" 하고 그녀를 안으로 들였다.

그녀는 무척 피곤해 보였지만 억지로 웃음을 띠고 있었고, 어딘지 모르게 허무한 분위기를 풍겼다. 그대로 돌려보내지 않은 것이 다행이었다.

첫날 상담 내용은 '매일 일하러 가는 것이 괴롭다', '일의 특성상 쉬기가 힘들어서 억지로 나가고 있기는 한데 이제 거의 한계에 다다랐다'와 같이 업무상 피로를 호소하는 내용이었다. 말투도 똑부러지고 생글생글 웃기도 했지만 오랜 경험으로 보아 그녀가 정신적으로 상당히 궁지에 몰려 있다는 느낌이 들었다.

그러나 아무리 절박한 상태라 해도 본인 스스로 털어놓지 않으면 상담은 이루어질 수 없다. 이쪽에서 아무리 끄집어내려 해도 내담자가 마음에 자물쇠를 채운 상태라면 표면적인 얘기만 할 테고 상담사의 제안이나 의견에도 귀를 기울이지 않기 때문이다. 나는 진희 씨가 스스로 털어놓고자 하는 마음이 들 때까지 그녀의 마음을 어루만지기로 했다.

상담 횟수가 거듭됨에 따라 엄마와 갈등이 있다는 사실을 알아차렸지만 그것을 건드리면 진희 씨가 더욱 힘들어 할 것 같았다. 그녀는 누군가에게 위로받아야 할 정도로 나약한 자신을 극복하고 하루라도 빨리 밝은 모습으로 일을 해야 엄마를 볼 낯이 있다며 초조해하고 있었다. 초조함과 우울한 기분을 덜어주기 위해 처음에 전문의 진료를 권했다. 그러자 그 정도로 심하냐며 절망하는 그녀에게 내 생각을 무작정 밀어붙일 수는 없었다. 하지만 일이 이 지경에 이른 이상 다시금 진료를 권하지 않을 수 없었다.

계속되는 권유에 절망하면 어쩌나 하고 걱정했지만 이번에는 흔쾌히 받아들였다. 상담을 통해 마음이 조금 열리자 앞으로 나아가야겠다고 스스로 결심한 것이리라. 그것이 앞서 말한 자살기도라는 결과를 초래했지만 이 사건을 계기로 상담은 원활하게 진행되었다.

앞부분으로 돌아가보자. 자살기도를 한 사람은 반드시 보호자에게 연락하거나 전문의의 진료를 받게 하여 안전을 가장 먼저 확보해야 한다. 그것은 상담사로서의 철칙이다. 내 뜻을 전하자 예상했던 대로 진희 씨는 부모님께 알리지 말아달라고 부탁했다. 하지만 이렇게까지 궁지에 몰린 그녀의 상태를 알면서도 전혀 알리지 않는 것은 진희 씨를 위한 일이 아니다. 딸이 자살기도한 사실을 알게 된다면 진희 씨의 말처럼 부모는 큰 충격을 받을 것이다. 부모라면 누구나 크게 동요할 것이고 무슨 수를 써서라도 딸을 집으로 데려가려 할 것이다.

그러나 부모의 집으로 돌아가면 오히려 갈등이 심해지고 자살충동이 더 커질 우려가 있다. 그것만큼은 반드시 피하고 싶었다. 진희 씨도 이를 우려하는 듯 지금은 절대 부모님 집에 들어가지 않겠다고 말했다. 나 또한 현재 갈등의 원인인 엄마와 얼굴을 마주하도록 진희 씨를 몰아붙이는 것은 좋은 방법이 아니라고 판단했다.

"자살기도 얘기는 나중에 하더라도 본인의 상태가 좋지 않다는 것만이라도 일단은 말씀드리는 게 좋을 것 같아요."

그렇게 설득한 후, 나는 전화로 진희 씨의 어머니와 대화를 나누기로 했다. 그리고 상담을 이어가기 위해 다시 한 번 권 선생에게 진찰을 받도록 권유했다.

권 선생도 내 말을 듣고 놀란 모양이었다. 흔쾌히 진찰을 허락해주었고 곧바로 예약할 수 있었다. 진희 씨는 그 후, 건강한 모습을 되찾을 때까지 병원에 다녔다.

∴ 학대를 통해 자란 '착한 아이'

상담을 통해 그녀는 조금씩 자기 안의 갈등을 꺼내놓았다. 여러 차례 상담이 이루어지는 사이에 어릴 때부터 안고 있던 심신의 갈등이 그 윤곽을 조금씩 드러내기 시작했다.

진희 씨는 지방 출신으로 올해 26살이다. 그녀의 부모님은 교육열이 대단했다. 아버지는 국립 명문대를 졸업한 후 의료기기 연구자로서 나름의 지위를 확보한 인물이었다. 진희 씨는 어릴 때부터 공부도 잘하고 밝고 똑 부러진 아이였기에 늘 부모님의 자랑이었다.

엄마도 4년제 여대를 나왔고, 사회적으로 성공한 남자와 결혼하자 꽤 큰 기대를 품었던 듯하다. 진희 씨가 어릴 때 "아빠는 의료기기 분야에서 일인자란다" 하며 언제나 아이들에게 자랑스럽게 말했다고 한다. 물론, 그 말을 한 후에는 "그러니 너희도 공부를 열심히 해서 아빠처럼 훌륭한 사람이 되어야 한다"고 아이들을 압박하는 것도 잊지 않았다.

진희 씨는 그렇게 엄마에게 철저히 관리 받았던 어린 시절이 죽고 싶을 만큼 괴로웠다고 회상한다. 일일계획표는 물론이고, 자잘한 공부 내용까지 전부 엄마가 관리했다. 공부를 조금만 소홀히 하면 "그렇게 하면 아빠 보기 부끄럽잖니. 더 열심히 공부해" 하면서 엄하게 혼이 났다.

공부뿐 아니라 정서교육이 중요하다는 이유로 진희 씨의 어머니는 아이들을 각종 학원에 보냈다. 피아노, 수영, 영어 등 쉴 틈 없이 계획표가 짜여 있었다고 한다.

"지금 생각하면 엄마의 교육열은 정상이 아니었어요. 그건 학대였어요."

진희 씨는 괴로운 표정으로 그렇게 말했다.

그녀의 어머니는 피아노 레슨 후 집에 돌아오면 반드시 배운 곡을 복습시키고 같은 곳을 틀리면 가차 없이 손이나 머리를 때렸다. 학교에서 좋은 성적을 거두는 것을 당연하게 생각했고, 조금이라도 성적이 떨어지면 자녀의 공부 시간을 평소보다 늘렸다. 때로는 학원에서 대체 뭘 가르치는지 모르겠다고 투덜대며 다니던 학원을 바꾸기도 했다.

세 살 아래의 남동생은 진저리를 치며 엄마를 곧잘 피해 다녔지만 진희 씨는 그러지 못했다. 엄마가 게임을 하지 말라고 하면 하지 않았고 TV 시청을 한 시간으로 제한하면 순순히 말을 들었다. 공부나 학원이 힘들어도 부모님, 특히 엄마에게는 힘들다는 말 한마디 해본 적이 없다고 한다.

"성적이 잘 나오면 엄마가 무척 기뻐하면서 칭찬해줬어요. 역시 아빠 엄마 딸이야 하면서요. 요즘은 여자도 열심히 하면 남자에게 뒤지지 않는 인재가 될 수 있다고 누구이 말씀하셨죠. 그런 말을 들으면 엄마의 기대를 저버릴까 봐 무서웠어요. 그래서 늘 엄마 눈치만 보고 필요 이상으로 저 자신을 억압해왔던 것 같아요."

엄마의 구속과 간섭은 중학생이 되면서 점점 심해졌다. 남편이 출세 라인에서 제외된 것도 원인 중 하나였다. 정작 아빠는 오히려 연구에 몰두할 수 있게 되었다며 별로 신경 쓰지 않는 눈치였지만 엄마는 그 일로 스트레스를 받은 모양이었다. 남편이 주변 사람들에게 제대로 된 평가를 받지 못한다는 울분. 그리고 그건 그것대로 잘 된 일이라고 여기는 남편의 태도에 대한 불만. 그런 것들이 딸을 향한 극성을 더욱 부추기는 듯했다.

"저에게는 프라이버시라는 게 없었어요. 고등학교 때 일기를 썼는데 어느 날 엄마가 전부 읽고 있다는 사실을 알았죠. 그날 이후로 일기는 안 써요. 엄마는 언제나 제 책상 서랍을 뒤져서 노트를 검사하거나 제가 무엇에 흥미를 느끼는지 알아내려고 했어요. 느낌이 이상해서 노트 사이에 사진 같은 걸 끼워두었는데, 그게 없어진 거예요. 엄마 짓이란 걸 알았죠. 하지만 정작 엄마에게 따지

제1장 그래도 엄마에게 사랑받고 싶어요

지 못했어요. 왠지 제가 나쁜 짓을 하다 들킨 것만 같았거든요."

엄마는 딸이 화장하거나 멋을 내는 것도 싫어했다. 화장이라고 해도 연한 립글로스를 바르는 정도였지만 학생답지 않은 짓은 그만두라면서 혼을 냈다.

고등학생 정도 되면 좋아하는 연예인도 생기고 이성에 눈을 뜨게 된다. 진희 씨에게도 같은 반에 좋아하는 남학생이 생겼다. 축제를 함께 준비하며 친해졌는데 같이 하교하거나 패스트푸드점에서 이야기를 나누는 사이가 되었다. 그녀의 말을 빌리자면 지극히 고등학생다운 건전한 만남이었다. 언제나 엄마의 감시 속에서 살아온 진희 씨에게 그 남학생과 보내는 시간은 매우 즐거웠을 것이다. 유일하게 해방감을 느낄 수 있는 대상이었으리라.

하지만 그 남학생과도 엄마 때문에 억지로 헤어질 수밖에 없었다. 당시 고등학교 2학년이었던 진희 씨에게 엄마가 말했다.

"대학입시에서 지금이 제일 중요한 때야. 특히 이과는 조금만 방심하면 금방 따라잡힌다고. 빨리 헤어져!"

그 후로 엄마는 딸의 휴대전화를 검사하기 시작했다. 물론 헤어지겠다고 하지는 않았지만 전보다 감시가 더욱 심해진 엄마에게 저항할 기력을 잃고 말았다. 엄마의 행동 하나하나에 벌벌 떠는 진희 씨를 보며 남자친구도 계속 사귀기는 힘들겠다고 여겼을 것이다. 결국 그녀는 남자친구와 헤어졌다.

엄마의 반대를 무릅쓰고 남자친구를 사귀는 것이 엄마에 대한 배신이라고 여겼던 것이다. 그녀는 완벽하게 엄마에게 지배당하고 있었다.

엄마는 아버지와 딸이 사이좋게 이야기하는 것도 싫어해, 공부를 핑계로 사이에 끼어들어 대화를 차단했다고 했다.

'다른 건 신경 쓰지 말고 공부에만 전념하자. 엄마 말만 들으면 아무 문제 없을 거야!'

남자친구와 헤어진 억울함과 분노를 마음속 깊이 접어둔 채 진희 씨는 오로지 공부에만 전념하여 명문사립대에 합격했다. 콧대가 한없이 높아진 엄마가 친척들에게 자랑을 늘어놓으며 기뻐한 것은 두말하면 잔소리다.

: 혼자 살아도 여전히 느껴지는 감시의 눈초리

대학에 입학한 그녀는 대학 근처에서 자취를 시작했다. 하지만 이상하리만치 해방감이 들지 않았다. 오히려 함께 살 때보다 더 감시의 눈초리가 느껴져서 언제나 불안했다고 한다.

"'이건 이렇게 해야지. 그런 짓 하면 창피하잖니' 하는 엄마의 목소리가 계속 들려서 어떤 행동을 하려다가도 몸이 굳어버려요. 점점 우울한 날이 늘어가고 몸도 계속 안 좋아졌고요. 이따금 부모님이 저를 보러 올라오시는데 그때는 대학생활을 잘하고 있다는 걸 보여드리기 위해 일부러 밝은 척을 해요. 그러면 부모님은 행복한 얼굴로 돌아가시죠."

엄마의 품을 떠나서도 진희 씨는 '보이지 않는 족쇄'에 묶인 채 괴로워하고 있었다.

그녀는 우울한 기분을 떠안은 채로 학교와 집을 오가는 생활을 이어갔다. 연애 한번 하지 않은 채 공부에만 매달렸고 대학 졸업 후 대학원에 진학하여 아버지와 같은 분야에서 일하게 되었다.

그녀는 하고 싶은 일을 하게 되었는데 웬일인지 기운이 나지 않았다. 업무에서 성과를 올려도 기쁘지 않았고 어딘가에 갇힌 것처럼 답답했다. 어떤 일을 해도 기쁘거나 즐겁다는 기분이 전혀 샘솟지 않았다. 밤에는 피곤한데도 눈이 말똥말똥하면서 잠들지 못했고 아침에는 일어나는 것이 힘들었다. 결국 진희 씨는 회사에 다니지 못할 지경이 이르렀다.

그런 자신이 한심하다고 그녀는 말했다. 그렇게까지 고생해서 손에 넣은 지금의 입지를 유지하지 못하는 것은 부모의 기대를 저버리는 일이라고. 이렇게 한심한 자신은 죽어버리는 편이 낫다는 생각에 사로잡혀 있지만 그 또한 두려웠다. 이런 생각이 반복되면 정말 회사에 다닐 수 없게 될지도 모른다는 현실적인 공포가 느껴지자 그녀는 용기 내어 상담을 받기로 결심한 것이었다.

: 반 년 만에 마음의 짐을 놓다

여기까지 진희 씨의 이야기를 듣는 데 반년이라는 시간이 걸렸다. 나도 그녀를 재촉하지 않았다.

그야말로 한 장씩 얇은 껍질을 벗겨 내듯이 천천히, 조금씩 진희 씨는 자신과 엄마의 관계를 말해주었다. 지금껏 누구에게도 비친 적 없는 마음속 깊이 담아두었던 감정을 머뭇머뭇 토해낸 것이다.

"죽고 싶다는 생각을 전보다 덜 하게 되었어요."

"괴롭다는 느낌이 점점 가벼워졌어요."

상담이 끝나면 이따금 그런 소감을 내비치게 되었다.

마음속에 담아두었던 것을 다른 사람에게 털어놓음으로써 자신을 객관적으로 바라보게 되고, 그 결과 이겨낼 수 있다는 용기가 생기는 것이다. 이렇게 속마음을 누군가에게 털어놓는 것에는 마음의 열을 내리는 효과가 있다.

부모와의 문제는 가족 간의 일이라 다른 사람에게 털어놓기가 쉽지 않다는 사람이 많은데 그것은 잘못된 생각이다. 자신이 주장하는 바를 부모가 부정하거나 무시하는 일이 반복되면서 다른 사람도 자신을 무시할 것이라고 학습했을 뿐이다.

하지만 어릴 때부터 축적되어온 마음의 갈등이나 중압감은 그리 간단히 떨칠 수 있는 것이 아니다. 진희 씨는 매주 온다며 예약을 해놓고도 2주건 3주건 연락도 없이 오지 않기도 했다. 그런 날은 반드시 심하게 우울함을 느끼는 때였다.

그래도 처음 만났을 때의 힘없는 모습이 사라지고 점차 기운을 차려가는 그녀를 보며 나는 상담의 보람을 느꼈다.

⁚ 뒤늦게 알게 된 딸의 상태에 충격

한편 진희 씨가 자살시도를 한 며칠 후, 나는 그녀에게 어머니와 통화하고 싶으니 말을 전해달라고 부탁했다.

나는 진희 씨의 어머니에게 전화를 걸어 다시 내 소개를 했다. 그러자 꽤 의심스러운 듯 내게 물었다.

"우리 딸이 왜 선생님께 상담을 받는 거죠?"

자기 딸이 상담을 받는 것은 상상도 못 했을 뿐더러 그런 상태일 리가 없다고 확신하는 말투였다.

물론 나는 상담에서 알게 된 구체적인 엄마와의 갈등 내용을 처음부터 말하지 않았다. 진희 씨가 우울증 기미를 보이는 것과 그로 인해 회사에 가지 못하는 날도 있어서 그 일로 상담을 받으러 왔다고 전했다.

이 통화를 계기로 진희 씨와 엄마는 전화로 이야기를 나누었다. 하지만 지금은 혼자 생각하고 싶다는 딸의 태도에 엄마는 분통을 터뜨리며 다그친 모양이었다.

그래서 나는 두 번째 통화에서 어머니가 충격 받을 것을 각오하고 진희 씨가 자살기도한 사실을 전했다.

수화기 건너편에서는 순간 정적이 흘렀다. "네?"라든지 "말도 안 돼요!"와 같은 히스테릭한 반응이 아니라 내 말을 진지하게 들으려 하는 태도가 느껴졌기에 조금은 안심했다. 하지만 이내 우리 딸이 왜 그랬냐고 집요하게 묻기 시작했다. 그래서 나는 진희 씨가 어릴 때부터 부모의 기대에 부응하고자 꽤나 무리해온 것, 그리고 몸과 마음의 피로가 한계에 이르러 우울증에 걸리게 된 것을 가능한 한 부드러운 표현으로 전했다.

내 말을 듣고 진희 씨의 어머니는 충격을 받은 듯했다. 더 이상 다른 질문을 하지 않고 잠자코 내 이야기를 듣고만 있었다. 마지막으로 "진희 씨는 지금 매우 힘든 시기입니다. 그걸로 따님을 너무 나무라지 말아주세요"라고 부탁하자 그녀의 어머니는 알겠다며 순순히 전화를 끊었다.

: 고향에 돌아가기로 결심하다

내가 못 박아두어서인지 진희 씨가 억지로 부모님의 집으로 들어가는 일은 없었다. 그러나 부모님이 집으로 내려와 천천히 얘기하자고 한 모양이었다. 이에 큰 부담을 느꼈는지 그녀는 상담 때마다 부모님 집에 들어가는 건 너무 무섭다고 말했다.

"그래도 언제까지 도망만 다닐 수는 없어요."

말은 그렇게 했지만 사실 나의 생각도 반반이었다. 엄마와 제대로 이야기해야 한다고 생각했지만 부모와 충돌해서 정신적으로 무너져버리면 다시 일어설 기력마저 잃는 건 아닐까 걱정이 되었다.

그러던 어느 날 진희 씨로부터 전화가 왔다. 유급휴가를 써서 잠시 부모님 집에 다녀온다는 것이었다. 얼마 전 엄마가 또 전화를 걸어와 내려가기로 결정했다고 했다.

그녀가 그런 결심을 한 것은 엄마의 태도가 다른 때와는 달랐기 때문일 것이다. 엄마의 강요라기보다는 스스로 충분히 생각한 후 내린 결론으로 들렸다.

부모님 집에 간다고 한 지 2주 후 다시 상담실에 찾아온 그녀의 얼굴에는 막힌 것이 뻥 뚫려서 개운한 기색이 역력했다. 진희 씨는 나에게 놀라운 결심을 들려주었다.

"이곳을 정리하고 고향으로 돌아가기로 했어요."

부모님 집에 간다고 했을 때 엄마와의 갈등이나 우울증이 심해지지 않으면 좋으련만, 하고 걱정했는데 아무래도 그것은 기우였던 모양이다. 고향에 돌아가는 것은 부모의 강요가 아니라 자신의 의지로 결정했노라고 진희 씨는 분명히 말했다.

그녀가 약을 먹고 죽으려 한 것은 고작 몇 개월 알고 지낸 나에게도 큰 사건이었기에 깊은 책임감을 느끼고 있었다. 그것이 내 자식 일이고, 하물며 자살을 생각한 원인이 자신이라는 것을 알았으니 엄마는 어떻게 해서든 딸을 구하려 했던 것이다.

진희 씨의 어머니는 완전히 바뀌었다고 했다.

그녀는 태어나 처음으로 엄마와 얼굴을 맞대고 이야기를 나누었다. 긴장이 누그러들자 지금껏 엄마의 기대가 얼마나 무겁고 괴로웠는지, 감시의 눈초리가 얼마나 무서웠는지, 그것을 거스르지 못하는 자신이 싫은데도 고분고분한 착한 아이를 연기할 수밖에 없었던 것 등을 엄마에게 말했다.

엄마의 기대에 부응하지 못한 자신을 벌하고 싶은 마음이 남아 있기 때문에 당장에라도 죽고 싶은 생각이 든다고 진희 씨는 솔직한 속내를 털어놓았다.

진희 씨의 어머니는 그럴 생각은 없었다는 등의 변명은 전혀 하지 않았다고 한다. 멍하니 딸의 이야기를 들어주고 "그렇게까지 네가 힘들어하고 있을 줄은 몰랐어. 엄마가 미안해" 하고 사과했다.

그 후에도 "그동안 얼마나 무서웠니? 내 꿈을 강요해서 정말 미안해" 하고 울면서 진희 씨를 안아주었다고 한다.

엄마가 이렇게까지 딸의 마음을 받아주는 경우도 드물다. 진희 씨에게 이 얘기를 들은 나는 놀라기도 했지만 마음속으로 안도의 한숨을 내쉬었다.

엄마의 태도가 변한 덕분에 진희 씨는 마음이 편해진 것은 물론 처음으로 자유와 해방감을 맛볼 수 있었다고 편안한 표정으로 말했다.

예전의 진희 씨라면 엄마의 화난 얼굴과 우는 모습에 죄책감을 느꼈을 것이다. 그런데 이제는 그녀가 우는 것에 대해 특별히 죄책감을 못 느꼈다고 하니 엄마와는 화해를 한 듯했다.

'어머니'라는 존재는 딸의 전부를 이해하지는 못해도 딸의 괴로움을 아무런 변명이나 비판 없이 받아들인다. 그것이 바로 논리적으로 이치에 맞지 않으면 이해하지 못하는 '아버지'와의 차이점이 아닐까.

"궁지에 몰리기 전에 엄마와 이런 식으로 대화를 나눌 수 있었으면 좋았을 텐데. 하지만 선생님과 만나기 전이었다면 이야기를 했더라도 상처받았겠죠."

진희 씨는 웃으며 말했다.

딸의 호소에 처음부터 귀를 기울여주는 엄마는 많지 않다. "그렇긴 한데", "잠깐만" 하면서 말을 끊거나 "철없는 소리 그만해", "무슨 헛소리를 하는 거니" 하면서 딸이 하고 싶은 말을 하도록 놔두지 않는다. 엄마의 이런 태도에 딸은 더욱 상처를 받고 비참함을 느낀다. 엄마가 상대를 해주지 않으면 자존심에 상처를 입고 자신은 가치가 없다고 느끼게 된다. 이때부터 감정의 악순환이 시작되는 것이다. 즉, 어머니에게 사랑받지 못한 딸은 그 감정을 자신의 딸에게 보상받고자 한다.

그날 진희 씨는 아버지와도 마음을 터놓고 얘기했다고 한다. 어디서 그런 용기가 난 것일까.

그녀는 아직 몸 상태가 온전하지 않기 때문에 일을 그만두고 고향으로 돌아가 요양하기로 했다고 한다. 몸이 건강해지면 다시 집을 나와 자립할 생각이라고 말했다.

그녀의 선택은 어떻게 되었을까?

개인적으로는 최선의 방향으로 갔으리라 믿는다. 얼핏 생각하면 자신을 구속했던 부모에게서 겨우 심리적으로 자유를 찾았는데 다시 부모의 품으로 돌아가면 도로아미타불이 아니냐고 생각하는 사람도 있을 것이다. 하지만 진희 씨의 경우 부모와 떨어져서 혼자 살아도 결코 자유롭지 않았다. 어디에 있든 엄마의 감시에서 벗어나지 못하고 스스로 마음의 감옥을 만들었다.

엄마의 지나친 지배가 있었다고는 하지만 계속 도망쳐온 것은 그녀 자신이기도 했다. 그것을 깨닫고 정면으로 맞설 용기가 생겼기에 그녀에게 매우 소중한 자신감이 될 것이다.

엄마와 꼭 얘기를 나눠달라는 진희 씨의 부탁으로 그녀의 어머니와 통화를 했다. 그녀의 어머니는 "그렇게까지 딸을 고통스럽게 한 줄 몰랐네요. 딸애 말을 듣고 제가 얼마나 가혹한 짓을 했는지 이제야 알게 됐어요" 하고 차분한 목소리로 말했다. 딸이 집으로 들어오는 것도, 다시 나가는 것도 앞으로는 모든 것을 딸에게 맡기겠다고 했다.

나는 이로써 모든 문제가 끝났다고 생각하지 않는다. 그녀의 어머니는 왜 딸에게 그렇게까지 집요하게 지배욕을 드러냈던 것일까. 엄마 또한 자신의 부모님과 문제가 있었던 것인지도 모른다.

뒤에서 자세히 소개하겠지만 모녀관계는 대물림될 수 있기 때문이다.

오랫동안 꾹꾹 눌러왔던 진희 씨의 분노가 완전히 시그러지고 자연스럽게 엄마와 그것에 관해서 이야기할 수 있으려면 시간이 좀 더 필요할 것이다.

하지만 서로를 인정한다면 모녀관계는 쉽게 개선될 것이다. 이번 상담을 계기로 진희 씨와 엄마는 관계 개선을 위해 한 발 내디딘 것이다.

좋은 엄마가 딸에겐 나쁜 엄마일 수도

여기까지 소개한 딸들은 상담 당시에는 엄마의 강한 위협에 시달린 탓에 몸도 마음도 만신창이였다. 밥을 주지 않거나 때리는 것은 예전에는 가정 교육의 하나로 여겨졌을지 몰라도 지금은 명백한 학대행위다. 이는 딸을 자신을 위협하는 경쟁자로 여기며 공격하는 엄마, 딸을 자신의 편의에 맞춰서 생각하는 미숙한 엄마의 전형적인 예다.

딸을 자살기도에 이르게 한 엄마는 자신의 딸을 믿지 못하고 모든 것을 통제하려 했다. 이는 엄마가 갖고 있는 인간에 대한 불신이 빚어낸 비극이다. 하지만 딸이 약을 먹고 죽으려 한 이유는 결코 엄마를 증오해서가 아니었다. 증오했다면 되레 자살은 하지 않을 것이다. '너는 엄마의 기대에 못 미치는 한심한 아이'라는 이미지를 반복적으로 부여받은 아이는 어느새 '나는 한심한 아이니까 엄마에게 사랑받지 못하는 거야'라며 자포자기하게 된다.

그리고 스스로 '살 가치가 없는 인간'이라는 낙인을 찍고 희사 관념(자살염려)이 점점 강해진다.

바로 이것이 속박하는 엄마의 무서움이다. 겉으로는 좋은 엄마를 연기하지만 무의식중에 딸의 생명력을 빼앗는다. 그런 엄마들은 백이면 백, 언제나 '엄마는 너를 위해서'라는 말을 입에 달고 산다. 하지만 엄마들의 마음속에는 어떤 진심이 숨어 있을까? 딸을 자기 마음대로 조종하고 싶다는 자기중심적인 사랑, 그리고 목적지를 잃은 엄마 자신의 불안과 공포가 소용돌이치고 있는 것이 아닐는지.

그러나 그런 엄마들 대부분은 애초에 자신이 얼마나 딸에게 부담을 주고 있는지를 모르거나 모르는 척한다. 엄마 또한 갈등과 고통을 안고 살아왔기 때문이다. 상담에서는 그런 엄마를 부정하지 않고 딸의 갈등과 고통을 조금이라도 알아주기를 바라는 마음에서 다양한 형태로 메시지를 전한다.

그런 대화 속에서 엄마가 변화를 보이는 것은 다양한 이야기를 통해 살펴보았다. 그러나 딸에 대한 집착이 지나치게 강하면 통찰이나 행동의 변화에 좀처럼 도달하지 못하고 화해하는 데 시간이 오래 걸린다.

자신을 믿는 힘

지금까지 소개한 세 명의 딸들도 그러한 모녀의 꽉 막힌 사랑과 증오 사이에서 갈등하며 발버둥 쳤다. 하지만 그녀들은 엄마의 압박에 계속 굴하면서도 자신의 인생을 스스로 개척해야 한다며 자립을 향해 첫발을 내디뎠다.

첫 번째 이야기에서 윤주 씨의 어머니는 앞으로 나아가려는 딸의 앞길을 막고 자신의 말을 듣지 않으려거든 나가라고 협박했다. 이는 '너는 엄마를 버리겠다는 거야?'라는 강렬한 메시지이기도 했다. 그렇게 무겁게 짓누르는 엄마를 결국 윤주 씨는 떨쳐냈다. 그녀는 엄마를 버린 것이 아니다. 윤주 씨의 용기 덕분에 엄마는 증오해야 할 대상이 아닌 관계를 회복하여 언젠가 다시 만날 존재로 승화되었다. 그럼으로써 엄마도 딸에 대한 집착에 종지부를 찍는 것이 가능해지지 않을까.

두 번째 이야기의 유리 씨는 아빠도 엄마도 미워하지 못하고 이해하려고 노력하는 착한 딸이었다. 그런 그녀의 풍부한 애정이 멍하니 흘려보내기만 했던 자신의 감정을 되찾는 계기가 되었다. 엄마가 강력한 지배력을 행사하면 딸은 감정 표현이나 의사 결정에 어려움을 느낀다. 유리 씨도 그렇게 되어가고 있었지만 일련의 사건을 계기로 자신 안에 숨 쉬는 감정과 마주하고 자신이 가야 할 길을 찾았다. 다른 사람을 믿을 수 있는 사람은 자신 또한 믿을 수 있다.

세 번째 이야기의 진희 씨는 자살기도 끝에 엄마에게서 도망치는 것이 오히려 자신을 궁지에 몰아넣는다는 것을 깨달았다. 엄마로부터 계속 도망쳐도 영원히 자신의 인생은 시작되지 않는다는 것을. 그래서 그렇게 돌아가기를 거부했던 부모님의 집에 스스로 들어가 엄마와 마주하는 방법을 선택했다. 엄마에게 일방적으로 호소하거나 맞서는 대신 엄마를 용서하고 화해함으로써 오랜 시간 자신을 괴롭혀온 갈등에서 자유로워졌다. 진희 씨가 선택한 것은 엄마로부터 자립해나가기 위한 화해였다. 그것은 자신의 힘을 믿는 것에서부터 시작되었다.

솔직히 말하자면 그녀들이 이런 선택을 하리라고는 생각조차 하지 못했다. 상담을 하면서 언제나 좋은 방향으로 나가기를 기도하지만 이렇게까지 용기 있는 결단을 내릴 줄이야. 실제로 그녀들의 힘과 가능성을 가장 믿었던 것은 나였다는 것을 자부하는 한편 그녀들의 변화를 보고 가장 놀란 사람 또한 나였다. 그리고…
감탄했다. 그녀들이 최종적으로 한 것은 상담이 아니었다. 스스로
결론을 내리고 행동한 후 나에게 알린 것뿐이다.

'엄마가 변하지 않는다면 내가 변하겠다.'
'엄마가 나를 놓아주지 않는다면 내가 떠나겠다.'
'엄마에게 도전하고, 엄마를 용서하고, 엄마와 재회하겠다.'

자신감을 되찾은 그녀들은 각자 자신만의 결론을 내고 한 발
짝을 내디딘 것이다.

그래도 엄마를 용서해야 하나요?

이따금 내담자에게 "그런 엄마를 꼭 용서해야 하나요?" 하는
질문을 받는다. 나는 내담자 본인이 진심으로 원하지 않는다면 억
지로 용서할 필요는 없다고 생각한다.

엄마를 용서해야 한다고 생각하는 것은 '착한 딸이 되고 싶어.
엄마에게 인정받고 싶어. 엄마에게 좋은 모습을 보여야 해'와 같은
감정에서 기인한 강박관념이 아닐까. 엄마의 지배로 고통을 받는
경우라면 용서하고 말고는 거리를 둔 후에 생각해야 할 문제다.

우선 엄마의 영향력에서 벗어나는 것이 중요하다. 그런 다음 시간을 두고 엄마와의 관계를 생각하는 것이 최선이다.

그러나 그렇게 거리를 두고 엄마와의 관계를 생각하는 과정에서 도저히 엄마를 용서할 수 없다고 느끼더라도 조급하게 생각하지 말자. 지금 당장 엄마를 용서할 수 없다고 해서 평생 엄마를 미워하며 사는 것은 아니기 때문이다.

증오나 원망이라는 감정은 그리 간단히 사라지지 않는다.

아직은 용서할 수 없다고 느끼는 것은 솔직한 감정이고 용서하고 싶은 것 또한 소중한 감정일 것이다.

그때 우리가 할 수 있는 일은 그런 자책의 목소리에 조금이라도 귀를 기울이고 부드럽게 말을 걸어주는 것이다.

"용서해야 한다는 건 알고 있지만 지금은 아니야. 언젠가 분명, 서로를 이해하는 날이 찾아와 평온을 되찾을 수 있을 거야. 그러니 그때까지 잠시만 숨을 고르자. 내 마음아, 그때까지만 잠들어주렴."

이렇게 자기 감정을 다스릴 때, 딸은 엄마와의 어떤 불화도 극복할 수 있는 용기를 손에 넣는다.

진정한 엄마를 찾아서

그녀들은 자신을 지배하고 통제하고 압박해온 엄마와 물리적·정신적으로 거리를 두고 자신의 인생을 걷기 시작했다.

하지만 그녀들이 내린 결론은 엄마와 헤어지기 위함이 아닌 다시 엄마 품으로 돌아가기 위한 여행이라고 믿는다.

이들의 공통점은 자신을 진정으로 이해해주는 사람을 찾아 홀로서기를 했다는 점이다. 그것을 다른 사람에게 찾았든, 친엄마가 그런 존재가 되어주었든 간에 그녀들이 원했던 것은 '진정한 엄마'였다. 진정한 엄마란 진심으로 이해해주는 파트너이자 지속적으로 자극을 줄 수 있는 경쟁자다.

엄마들은 딸이 태어났을 때 어떤 마음으로 그 아이를 품에 안을까. 나를 잘 따르는 파트너로 키울까. 아니면 과거 자신의 엄마가 그랬듯, 자신을 위협하는 경쟁자라 낙인찍고 냉정하게 대할까. 혹은 균형 있게 그 아이의 잠재력을 끌어내면서 키워나갈까. 그 해답은 그녀들이 '진정한 엄마'와 만나느냐의 여부에 달려 있다.

딸에게 복종을
요구하는 엄마들

딸에게 냉담한 엄마가 늘고 있다

부모가 어린 자식을 학대하거나 굶겨 죽이는 가슴 아픈 사건이 끊이지 않는다. 사건이 터지고 뉴스로 보도되어야 비로소 세상에 알려질 뿐 평소 부모·자식 관계는 겉으로 잘 드러나지 않는다.

특히 엄마와 딸은 애착이 깊은 만큼 일반적인 학대와는 다른 잔혹한 관계를 낳는 경우도 많다. 친엄마가 딸을 냉혹하게 대하고 학대에 가깝게 괴롭히는 것이 이제는 드문 일이 아니다.

얼마 전까지만 해도 드라마에서는 부모가 재혼하면 재혼상대가 아이를 학대하거나 냉대하는 스토리가 일반적이었다. 이른바 계모의 구박이다. 하지만 현실에서는 피를 나누지 않아도 사랑으로 아이를 키우는 엄마가 있는가 하면 자기가 낳은 딸을 괴롭히며 구박하는 엄마도 있다.

오히려 제 핏줄이기 때문에 마음 놓고 딸을 증오의 대상으로 삼는 경우도 많다. 이런 엄마들은 딸을 사랑하지 않는 것일까. 왜 자기를 닮은 딸을 냉대하는 것일까.

이제부터 소개할 이야기 중에는 "딸이 너무 미워서 견딜 수 없다"고 말하는 엄마도 있다. 그 엄마는 낳았으니 어쩔 수 없이 기르는 거라고 일말의 죄책감도 없이 나에게 말했다.

딸의 입장에서 보면 경악할 일이지만 어떤 의미에서 이 엄마는 무척 솔직하다고 볼 수 있다. 세상에는 딸에 대한 증오를 품고 있으면서도 표면적으로는 좋은 엄마를 연기하는 경우가 적지 않다. 하지만 엄마는 자신이 연기하고 있다는 것조차 의식하지 못한다.

그러나 엄마가 무의식적으로 자신에게 칼날을 들이대고 있다는 사실을 딸들은 금세 알아챈다. 스스로 사랑받을 가치가 없다고 여기는 딸들은 몸과 마음이 병들어 간다. 그런 엄마 탓에 궁지에 몰려 빈사 상태에 빠진 딸들의 이야기를 살펴보자.

자신의 꿈을 강요하는 엄마

> 자신의 꿈을 이루지 못한 엄마는 딸을 통해 못다 이룬 꿈을
> 이루고자 한다. 엄마는 딸을 철저하게 통제하고 딸은 그 기대
> 에 부응하기 위해 노력한다. 엄마는 그것이 사랑이라고 착각
> 하고 딸은 부담스럽기만 하다. 대인기피증에 걸린 딸은 술에
> 취한 상태가 아니면 사람을 만날 수 없는 지경이 되었다.
> **엄마 : 50대, 딸 : 최정현(가명), 20대**

: 술을 마셔야만 상담소를 방문

오랫동안 상담을 해왔지만 술의 힘을 빌려야만 상담을 받으러 올 수 있는 내담자는 처음이었다. 그 주인공은 바로 정현 씨였다. 첫날에는 몰랐는데 두 번째 만났을 때 그녀에게서 희미한 술 냄새가 났다.

상담이 오후 두 시였으니 정현 씨는 대낮부터 술을 마시고 상담을 받으러 왔다는 이야기다. 하지만 그 부분을 지적하면 두 번 다시 오지 않을 것 같아 일부러 술에 대해서는 언급하지 않았다.

술을 마시고 온다는 사실을 눈치챘음에도 그것을 입에 올리지

않는 것을 정현 씨는 이상하게 여겼던 모양이다. 그럼에도 그녀는 계속 술 냄새를 풍기며 나를 찾아왔다.

술을 마셨다 해도 얼굴에 드러나는 정도는 아니었다. 집을 나서기 전 용기를 북돋우려고 한 모금 마신 듯한 느낌이랄까. 그녀는 사람 만나는 것을 두려워하는 대인기피증을 떨쳐내기 위해 술을 입에 대는 듯했다. 금단증상을 보이는 중증 알코올중독과는 조금 달랐다.

정현 씨는 여전히 옅은 술 냄새를 풍기며 상담을 받으러 왔다. 1~2주에 1번씩 총 4번 정도의 상담을 거치자 서서히 마음의 벽을 허무는 듯했다. 그즈음 그녀는 자신의 가족에 대해서 언급하게 되었고 나는 자연스럽게 술 얘기를 꺼냈다.

"술을 마시지 않으면 외출하기 힘든가요?"

정현 씨는 흠칫 놀란 얼굴을 하더니 기어들어가는 목소리로 죄송하다고 사과했다.

"나무라는 게 아니에요. 여기에 상담 받으러 오는 것도 당신에게는 상당한 각오가 필요한 일이라 생각해요. 그래서 술을 마시는 건가요?"

가능한 한 정현 씨의 죄책감을 덜어주고자 질문을 덧붙였지만 그녀는 다시 한 번 죄송하다고 말하며 고개를 숙였다.

"실례인 줄 알면서도 맨 정신으로는 올 수가 없어요. 밖에 나가려고 하면 심장이 마구 두근거려요. 핑계거리를 만들어서 가지 말까 했다가 그래도 가야지 하고 마음을 다잡기도 했다가…. 30분 정도를 망설이다가 결국은 술에 손이 가는 거예요."

술을 마시는 습관은 대학에 입학한 후 혼자 살게 되면서 시작되었다고 한다. 정현 씨는 피아니스트를 꿈꾸던 음대생이었지만 도중에 꿈을 접고 지금은 학원에서 아이들에게 피아노를 가르치며 생활하고 있다.

대학에 다닐 때도 상담을 받으러 간 적이 있다고 한다. 그때도 심하게 긴장하면 술에 손이 간다고 상담사에게 말했더니 '알코올 중독'이라며 상담을 받기 전에 술부터 끊으라고 조언했다고 한다.

하지만 정현 씨는 좋아서 술을 마시는 것이 아니다. 그녀의 마음속 깊은 곳에 똬리를 틀고 있는 불안과 공포가 사라지지 않는 한, 술을 끊게 하는 것이 근본적인 해결책이 될 수는 없다. 억지로 술을 끊는다 해도 그 스트레스가 또 다른 버릇을 불러들이게 될 터였다. 나는 그녀의 유일한 도피처인 술을 놓고 옳고 그름을 논하는 것은 역효과를 불러일으킬 것이라고 판단했다.

: 강요된 피아니스트의 꿈

정현 씨를 궁지에 몰아넣은 사람은 바로, 어릴 때부터 모든 것을 간섭하려 드는 엄마였다. 몇 시에 일어나고, 무엇을 입고, 무엇을 먹고, 무엇을 할지 하루의 모든 시간표를 엄마가 짰다.

철이 들기도 전에 그녀는 피아니스트가 되기로 결정되어 있었다고 한다. 본인의 의지 따위는 상관없었다. 엄마가 혼자 정했고, 정현 씨는 어릴 때부터 피아니스트가 되기 위한 영재교육을 받았다.

"피아니스트는 제가 아니라 엄마의 꿈이었어요. 엄마는 최고의 선생님에게 배우지 못해서 중간에 꿈을 접을 수밖에 없었대요. 그러니 저는 가능한 한 최고의 선생님에게 레슨을 받게 해줄 거라고 입버릇처럼 말했어요. 하지만 선생님의 레슨보다 엄마에게 배우는 것이 몇 배는 더 엄격했어요. 실수하거나 생각만큼 실력이 늘지 않으면 질리도록 잔소리를 해대는 바람에 어릴 때는 엄마가 무서워서 견딜 수가 없었어요."

자신에 대한 엄마의 기대가 얼마나 버거웠는지를 말하는 정현 씨의 표정은 무척 괴로워 보였다. 하지만 외동딸이었던 그녀에게 도망칠 곳은 없었다.

초·중·고를 다니며 정현 씨는 친구와 학교생활을 즐겨본 기억이 거의 없다. 학교가 끝나는 시간에 교문 앞까지 엄마가 차로 데리러 왔고 그대로 레슨을 받으러 갔다. 레슨이 끝날 때쯤 다시 엄마가 데리러 왔다. 무슨 일이 있어도 딸 마음대로 레슨을 쉬는 것

제2장 딸에게 복종을 요구하는 엄마들

을 엄마는 허용하지 않았다. 집에 돌아오면 곧바로 그날 레슨을 복습한 후에야 저녁을 먹을 수 있었다.

"씻어."

"내일 배울 것 예습해야지."

"이제 잘 시간이야."

집에서는 모든 것을 엄마의 말에 따라야 했다. 심지어 밤 11시가 넘으면 잘 자고 있는지 확인하러 왔다고 한다. 정현 씨에게는 휴대전화로 친구와 밤늦도록 수다를 떨거나, 좋아하는 책을 읽거나, 멋을 내거나 하는 보통 여자아이라면 당연히 누려야 할 자유가 전혀 없었다. 엄마의 철저한 관리와 감시 하에서 숨 막히는 생활을 10년 이상 지속한 것이다.

: 울부짖어도 애써 무시하는 엄마

그래도 피아노 치는 것이 좋았기에 중학생 때까지는 엄마가 시키는 대로 열심히 피아노를 배웠다. 그러나 고등학생이 되자 그때까지 품고 있던 엄마에 대한 불만이 부글부글 끓어올랐다.

"반 친구들은 아무도 저를 집에 초대하지 않았고, 재미있는 일이 있어도 끼워주지 않았어요. 다들 휴대폰을 가지고 있는데 엄마가 '너는 필요 없지?' 하면서 안 사주는 거예요. 언제나 교문에서 제가 나오기를 기다리는 엄마는 학교에서도 유명했어요. '너희 엄마 진짜 무섭더라' 하면서 남학생들에게 놀림당하기 일쑤였죠. 뒤에서 계모라고 수군대는 것 같았어요. 하굣길에 제 친구와 교문에서 만나도 우리 엄마는 웃어주는 법이 없었으니까요. 고1 가을쯤이었을 거예요. 제 안에서 무언가가 무너졌다고 할까. 탁, 하고 스위치가 꺼진 듯이 엄마가 너무 싫어서 견딜 수 없는 지경에 다다랐어요. 더는 엄마가 하라는 대로 하며 못 살겠다. 이제는 엄마 말은 듣지 않겠다고 거의 분노에 가까운 감정이 끓어올랐어요."

그때 일이 생각난 건지 정현 씨의 목소리가 떨렸다.

"피아노 레슨을 받고 돌아오자마자 오늘부로 피아노를 그만두겠다고 엄마에게 선언했어요. '더는 엄마가 하란 대로 하며 살고 싶지 않다. 이대로 가다가는 내가 어떻게 될 것만 같다. 피아노를 좋아하긴 하지만 계속 해나갈 기력이 없다'고 울부짖으며 말했어요."

태어나서 처음으로 하는 반항이었다. 그녀 안에서 계속 억눌려온 자아가 출구를 찾아 얼굴을 내밀려는 순간이었다.

"엄마의 반응은 어땠나요?"

내가 묻자 그녀는 힘없이 이렇게 대답했다.

"들은 척도 안 하더라고요. 제가 울고불고 하는데도 왜 그러냐며 아무 일도 없었던 것처럼 무시하는 거예요. 엄마는 별것 아닌 일로 소란 피우지 말라고 말하고는 방으로 들어가 버렸어요. 제가 엄마의 굴레에서 벗어나는 일은 있을 수 없고, 있어서도 안 되는 거죠. 그러니 자기에게 불리한 일에는 전혀 귀를 기울이지 않아요. 그냥 흘려듣고 마는 거죠. 그때 엄마가 보여준 차가운 표정은 지금 생각해도 소름 끼쳐요. 그 후로도 몇 번 엄마한테 반항한 적이 있는데 전부 그런 식으로 무시하더라고요. 더 말했다가는 엄마든 나든 어느 한쪽이 부서질 것 같았어요."

정현 씨 안에서 생기를 되찾으려 했던 자아는 엄마에 의해 처참히 부서졌다.

"그 후 저는 오로지 엄마 말대로 움직이는 로봇이 되어버렸죠" 하고 그녀는 힘없이 말했다. 엄마가 하라고 하면 하고, 하지 말라고 하면 하지 않았다. 머릿속은 언제나 멍했고 몸은 엄마가 조종하는 인형처럼 자동으로 움직일 뿐이었다고 당시를 회상했다.

정현 씨는 피아노 연습에 집중하지 못했고, 학교 성적도 떨어지기 시작했다. 밤에는 쉽게 잠들지 못하고 아침에는 몸이 무거워서 잘 일어나지 못하는 날이 이어졌다.

어쩌면 당연한 일이라고 해야 할까. 그녀는 목표로 하던 음대에 떨어져 엄마에게 실망을 안겼다. 그래도 엄마는 '딸을 피아니스트로 만들겠다는 꿈'을 포기하지 않았다. 딸의 재수생활을 철저하게 관리한 끝에 정현 씨를 제2지망 음대에 합격시켰다.

: 기어코 자식을 음대에 합격시켰으나…

엄마는 대학을 집에서 다니라고 했지만 가는 데만 두 시간이나 걸리는 터라 정현 씨는 자취를 희망했다. 왔다 갔다 하느라 에너지를 빼앗기면 수업에 집중할 수 없다고 필사적으로 말하자 엄마는 울며 겨자 먹기로 들어주었다.

"그때까지 엄마가 하라는 대로 하고 살았으니까 이대로 집에 있으면 엄마의 간섭에서 평생 벗어날 수 없을 것 같아서… 1분 1초라도 좋으니까 엄마와 떨어져서 살고 싶었어요. 혼자가 되는 것이 불안하기도 했지만 엄마로부터 해방된다는 기쁨이 더 컸죠. 하지만 그게 큰 착각이라는 사실을 깨닫기까지는 얼마 걸리지 않았어요. 제가 학교에 가 있는 동안 엄마가 보조키로 문을 열고 들어와 청소나 빨래를 하신 뒤에 자잘한 잔소리를 메모지에 남겨놓고 가는 거예요. 쓰레기통까지 살펴봤는지 전날 먹은 편의점 주먹밥을 지적하면서 '주먹밥만 먹으면 몸 상한다'는 메모를 써놓는 거죠. 영양가 있는 걸로 먹으라며 직접 만들어온 반찬이나 건강 음료를 냉장고에 넣고 가셨어요. 매일 밤 9시에 전화를 해서 밥은 잘 챙겨 먹었는지, 수업은 어땠는지 물어봐요. 왠지 집에 있을 때보다 더 구속받는 것 같았어요."

엄마의 간섭이 싫어서 전화를 받지 않거나 중간에 끊은 적도 있지만 그런 짓을 하면 자동응답기로 쉴 새 없이 통화를 재촉하거나 한밤중이라도 찾아온다고 했다.

정현 씨가 술을 마시기 시작한 것은 그때쯤이었다. 학교에서 돌아오는 길에 편의점에 들러 캔맥주를 사와 자취방에서 마시기 시작했다. 처음에는 엄마에게 들키지 않으려고 조심했지만 점점 소주나 와인, 정종까지 마시게 되면서 결국 들켜버렸다. 엄마가 어떻게 된 일이냐며 추궁했지만 밤에 잠이 오지 않아 수면제 대신 한 잔씩 마시는 거라고 둘러댔다.

: 딸에게 남자가 생기자 미친 사람처럼 돌변

엄마의 지나친 간섭에서 오는 스트레스를 술로 달래던 그녀에게 아주 잠깐 밝은 빛이 보인 시기가 있었다. 난생 처음 남자친구라 부를 만한 존재가 생겼을 때였다. 그는 성악과 학생이었는데 정현 씨가 그의 피아노 반주를 해준 인연으로 친해졌다고 한다.

수업을 마치고 차를 마시는 정도였지만 남자친구와의 시간이 그녀에게는 그 어느 때보다 마음 편하고 소중했다. 맨얼굴로 다니던 정현 씨가 화장을 하게 되었다. 아무렇게나 묶고 다녔던 머리를 내리고 정성스레 드라이를 했다. 흰색, 검정색, 짙은 남색과 같이 무채색 옷만 걸려 있던 옷장에는 화사한 파스텔톤이 섞이게 되

서로를 사랑하지 못하는 엄마와 딸

었다.

하지만 그런 딸의 변화를 엄마가 놓칠 리 없었다. 숨겨두었던 화장품을 찾아내더니 밤에 전화를 걸어 대체 무슨 일이냐며 다그쳤다.

"설마 남자라도 생긴 거니?"

너무나 노골적인 엄마의 물음에 정현 씨는 엉겁결에 사귀는 남자가 있긴 한데 그렇게 깊은 사이는 아니라고 말해버렸다. 그 말을 들은 엄마는 흥분하여 한걸음에 달려왔다.

"대체 너는 무슨 생각을 하고 사는 애냐며 화를 내더라고요. 피아니스트로 성공하라고 들인 돈이며 시간이 얼마인지 아느냐고, 가장 중요한 시기에 남자랑 놀 거면 뭐 때문에 고생해온 거냐고 밤새도록 들볶였죠."

당장 헤어지지 않으면 집으로 들어오게 할 거라고 협박을 하는 통에 정현 씨는 알았다고 할 수밖에 없었다. 헤어지고 말고 할 만한 사이도 아니었는데 엄마는 딸을 이성으로부터 완전히 차단하려 했다. 그녀는 한동안 끊었던 술을 다시 입에 대게 되었다.

그 일이 있고 난 후 엄마의 감시는 더욱 심해졌다. 옷장을 뒤지더니 너무 야하다며 민소매나 가슴이 파인 옷을 버리기도 했다.

술 좀 그만 마시라는 엄마의 메모를 멍하니 바라보면서 정현 씨는 빈속에 맥주를 들이켰다. 스무 살도 넘었는데 언제까지 이렇게 살아야 하는 걸까 하는 생각이 들어 눈물이 났다.

⋮ 기대에 못 미치는 자신을 탓하다

기력을 잃은 채 술을 끊지 못하는 딸이 '세계 최고의 피아니스트'가 되기 어렵다는 사실은 엄마도 잘 알고 있었을 것이다. 엄마는 딸의 지도교수를 찾아가 엘리트 음악가의 길을 걷게 해달라고 매달리기까지 한 모양이었다. 그러나 정작 정현 씨의 엔진이 멈춰버렸으니 손쓸 도리가 없었다.

엄마는 자신의 바람대로 따라주지 않는 딸을 원망했다. 하지만 몸 상태가 좋지 않아 수업이나 레슨에 자주 빠졌던 정현 씨에게 더 이상 자신의 미래를 개척할 힘은 남아 있지 않았다.

그녀는 대학 졸업 직전에 피아노학원에서 아이들 가르치는 일을 겨우 구했다. 다른 아르바이트와 병행하면 근근이 먹고 살 수 있었다. 집에 들어가지 않겠다는 일념으로 구한 직업이었으니 당연히 엄마는 반대했다. 몇 번이고 전화를 걸어 집으로 들어오라고 다그쳤다.

그러나 정현 씨는 집에 들어가는 것만큼은 완고하게 거부하며 버텼다. 긴장하면 술을 입에 대는 버릇도 버리지 못했다.

"엄마는 스무 살을 훨씬 넘긴 저를 아직도 어린애로 보고 있어요. 저도 머릿속으로는 저만의 인생을 살고 싶다고 생각해요. 그러면서도 엄마의 로봇으로 전락해버린 제게서 벗어나질 못하고 있죠. 엄마가 바라지 않는 삶을 사는 스스로를 용서할 수 없다고 해야 할까요. 엄마에게 상처를 주고 엄마를 배신하는 것만 같아서 무슨 일을 해도 마음이 편하지 않아요."

정현 씨는 엄마와 거리를 두려 하는 자신과, 그것에 죄책감을 느끼는 자신 사이에서 갈등을 느끼며 괴로워하고 있었다. 지금껏 딸을 지배해온 엄마의 행동은 정신적 학대라 할 수 있다. 그럼에도 딸은 오히려 엄마를 배신한 자신을 책망해온 것이다.

"엄마 품에서 벗어나 자립하고 싶은 건 당연한 거예요. 아무리 엄마라도 그렇게까지 딸의 인생을 간섭하면 안돼죠. 당신이 나쁜 게 아니에요. 술의 힘을 빌릴 때도 있었지만 스스로의 힘으로 여기까지 왔잖아요. 정말 잘해온 거예요."

나는 그녀를 위로하며 엄마에게 느끼는 죄책감을 덜어주기 위해 끈질기게 노력했다.

엄마에 대한 증오와 죄책감 사이에서 생겨나는 갈등은 쉽사리 사라지지 않는다. 엄마가 하라는 대로 하며 살아온 딸에게 엄마의 속박을 거부하는 것은 자신을 버리는 것과 마찬가지다. "엄마랑 저는 별개의 인간인 거네요" 하고 개운한 듯 얘기하는 날이 있는가 하면 다시금 시무룩한 표정으로 상담을 받으러 오기도 했다.

제2장 딸에게 복종을 요구하는 엄마들

사람의 마음은 어느 날 갑자기 강해지지 않는다. 이렇게 신뢰를 바탕으로 대화를 거듭하며, 상처받은 마음에 믿음과 자기수용이라는 얇은 막을 씌우는 작업을 반복하는 수밖에 없다. 때로는 애써 씌운 막이 벗겨지는 일도 있다. 하지만 포기하지 않고 끈질기게 내담자를 다독여주는 것이 상담사의 역할이다.

: 마침내 독립해 새로운 인생을 살다

"엄마가 저를 정말 피아니스트로 만들고 싶었던 건지, 아니면 그저 자기 마음대로 휘두르고 싶었던 건지 그걸 모르겠어요. 그런데 아마 엄마도 모를 거예요."

그녀의 입에서 이렇게 엄마에 대한 객관적인 표현이 나오게 된 것은 나와 상담을 시작한 지 반년쯤 지났을 때였다. 어느새 술 냄새도 사라졌다.

"요즘은 술 안 마시나요?"

"왠지 끊을 수 있을 것 같아서 요즘 잠깐 시험 중이에요."

정현 씨는 부끄러운 듯 웃었다.

'잠깐 시험 중'이라는 표현을 듣고 나는 그녀가 더 이상 술의 힘을 빌리지 않아도 뭐든 잘해낼 거라고 확신했다. 그렇게 되면 자신이 하고 싶은 것이 무엇인지 깨닫고 행동에 옮기는 것은 그리

어려운 일이 아니다.

여전히 엄마는 집으로 들어오라고 성화였지만 정현 씨는 혼자 살아가기로 각오를 굳힌 듯했다. 엄마가 보조키를 가지고 있는 집에서 나와 새집으로 이사했다. 당연히 엄마에게 열쇠는 주지 않았다. 그곳은 정현 씨만의 공간이다.

이사나 일에 관한 것은 아버지에게만 의논한 모양이었다. 대학 교수와 이야기해 반주자나 피아노 선생님을 평생의 업으로 삼기로 했다고 아버지에게 말했다. 그랬더니 평소에는 엄마의 등쌀에 밀려 말이 없던 아버지도 이번만큼은 네 뜻대로 하라며 격려해주었다고 한다.

마지막 상담 후 시간이 흘러 정현 씨를 다시 만났을 때 나는 사람이 이렇게도 변하는가 싶어 내심 놀랐다. 그녀는 정말 아름다운 여자가 되어 있었다. 늘 화장기 없는 민낯에 무채색 옷만 입었던 정현 씨가 화장을 하고 밝은 색 원피스에 화려한 스카프까지 두른 채 나타났다. 얘기를 들어보니 사귀는 남자가 생겼다고 했다.

"그 사람은 저 술 못 마시는 줄 알아요."

그녀는 장난스럽게 웃었다.

이사한 후 부모님 집에는 한 번도 가지 않았다고 한다.

"나중에 한번 가보려고요. 하지만 아직은…. 간신히 즐거운 일을 찾았는데 부모님께 방해받고 싶지 않아요."

정현 씨의 갈등은 사라지지 않았다. 하지만 부모로부터 도피하는 인생이 아니라 온전히 자신만의 인생을 살아가고 있다. 엄마와의 결별이 그녀를 새로운 인생으로 이끌었다. 그리고 그것은 엄마와의 재회로 이어지는 길이기도 하다. 언제든지 다시 시작할 수 있는 것이 사람이다.

다섯 번째 이야기

딸이 견딜 수 없을 만큼 싫은 여자

친딸을 미워하는 엄마가 있다. 딸이 태어나면서 직장 생활에
지장이 생겼기 때문이다. 딸은 태어날 때부터 축복은커녕 원
망만 받으며 자랐다. '너는 내 인생을 망친 존재', '쓸모없는
아이'라는 말을 들으며 자란 딸에게 자존감은 찾아 볼 수 없
다. 성인이 된 딸은 심리적 스트레스로 식이장애를 겪고 있으
며 중학생 이후 생리도 끊긴 상태다.
엄마 : 40대, 딸 : 한소영(가명), 대학생

: 애정결핍이 불러온 식이장애와 우울증

이번 상담의 내담자는 어머니와 대학생 딸이다. 두 모녀가 상담
실 문을 열고 들어오는 순간, 나는 어머니가 대학생 딸이 아닌 중
학생인 둘째 딸을 잘못 데려온 거라고 생각했다.

흰 블라우스에 검정 치마. 교복과도 같은 수수한 차림에 아무
렇게나 자른 단발머리 때문이기도 했지만 대학 신입생이라는 딸
은 몸집이 작고 심하게 말라 있었다. 아마 체중이 30kg 정도였을
것이다.

"얘가 제 딸이에요."

엄마가 자신을 소개하는데도 딸은 입을 굳게 다문 채 뚱한 표정을 지을 뿐이었다. 처음에는 화가 난 줄 알았는데 나중에 그것이 울음을 견디는 표정이라는 것을 알았다.

"요즘 살이 좀 빠진 것 같아요. 뭘 좀 먹으라고 해도 말을 통 안 들어요."

그녀는 변명하듯 말했다.

"사실 우리 애가 식이장애를 앓고 있어요. 고등학교 때도 담임선생님이나 상담선생님께 도움을 받긴 했는데 전혀 좋아지질 않아서…. 정말 얘는 왜 이러는지 모르겠어요. 고등학교 선생님도 입시가 끝나면 곧바로 전문가에게 상담하라고 신신당부를 하시더라고요. 그래서 여기까지 오게 된 거랍니다."

대체 왜 이런 얘기를 해야 하냐는 듯, 어딘지 모르게 짜증스러운 엄마의 말투에 딸은 고개를 푹 숙였다.

당시 식이장애는 부모에게 영향을 받는다는 견해가 강했다(최근에는 마른 몸매를 선호하는 문화가 식이장애의 주원인이다).

소영 씨에게 식이장애 증상이 나타난 것은 중학교 때였다. 의사에게 상담을 받으러 갔다가 식이장애라는 진단을 받았다. 고등학교 1학년 때는 담임선생님의 권유로 전문가에게 치료를 받으러 다녔다.

딸이 식이장애를 일으키면 일반적으로 엄마들은 대체 왜 이렇게 됐는지 모르겠다며 화를 낸다. 이 모녀도 예외는 아니었다. 엄마는 "어차피 제 잘못인 거죠?" 하면서 자기가 무언가 노력해야 한다는 사실에 화를 내고 있었다.

"잠깐 대답해줄래요?" 하고 내가 간단한 질문을 해도 소영 씨는 몸을 앞뒤로 흔들 뿐 입을 열지 않았다. 그런 모습을 보고 상담을 이어가기 위해서는 그녀가 다녔다는 식이장애 전문병원과의 연계가 필요하다고 판단했다.

상담을 마치고 돌아가려 할 때 나는 소영 씨에게 하고 싶은 말이 있으면 언제든 편하게 들르라고 말했다. 그때도 뚱한 표정으로 고개를 까딱할 뿐이라 그녀와 단둘이 이야기 하는 건 어렵겠다고 생각했다. 그런데 며칠 후 소영 씨가 갑자기 전화를 걸어와 지금 들러도 되느냐고 물었다. 그래서 예약이 없는 시간을 알려주고 그때 오라고 했다.

혼자 상담실을 찾은 그녀는 의자에 앉자마자 말을 꺼냈다. 사람과 대화하는 법을 잘 모르는 듯했다.

"엄마랑 같이 있으면 아무 말도 못 해요. 엄마는 늘 저에게 너는 별수 없는 애라는 둥 왜 그렇게 쓸모가 없느냐는 둥 잔소리를 많이 해요. 저는 항상 참고만 있고요. 근데 엄마가 하는 말은 전부 다 맞아요. 저는 한심할 정도로 머리가 나쁘고 늘 실패만 하니까요…. 제 자신이 한심하고…. 저는 살 가치가 없어요…."

소영 씨는 자신이 얼마나 한심한 인간인지를 토로하더니 갑자기 슬픔이 북받친 듯 울기 시작했다. '끄억, 끄억' 하고 어린아이가 딸꾹질을 하는 듯한 울음소리였는데 내가 무슨 말을 해도 그치지 않았다. 그 후 그녀와 몇 번 더 상담했지만 처음 5분 정도만 말을 하고 곧 '끄억, 끄억' 소리를 내며 울기 일쑤였다.

∶ 딸이 못생겨서 안고 싶지도 않았다?

어머니에게 소영 씨와 상담한 일을 얘기하니 "역시나 우리 애가 폐를 끼쳤군요. 죄송해요. 걔가 좀 그런 애예요" 하며 괴로운 듯 한숨을 내쉬었다.

"아니 따님 때문에 힘들다는 얘기가 아니에요. 따님이 지금껏 어떻게 생활해 왔는지 어머님께 여쭙고 싶어 말씀드린 겁니다."

그렇게 말하자 엄마는 갑자기 말투가 달라지며 딸에 관해 이야기하기 시작했다.

"선생님도 이미 알고 계시죠? 제가 애를 잘못 키워서 이 지경을 만들었네요. 그래요, 저는 애 키우는 데 실패했어요. 모든 게 제 탓이랍니다. 엄마가 되면 누구나 아이에게 한없는 사랑을 쏟는다고들 하잖아요? 하지만 저는 그렇게 생각하지 않아요. 엄마도 여러 종류가 있어요. 자기 배 아파서 낳으면 예뻐서 어쩔 줄 모른다는 건 거짓말이에요. 왜냐면 저는 그 애가 태어났을 때부터 못생겨서 쳐다보기도 싫었거든요. 당연히 안고 싶지도 않았고요. 그런 기분을 두 번 다시는 느끼고 싶지 않아서 둘째는 가질 생각도 안 했어요."

"그래도 예뻐 보일 때가 있지 않나요?"

"키우면서 정이 들었느냐는 말씀이신가요? 아뇨, 오히려 반대였어요. 저는 그 애만 없었으면 더 잘 살 수 있었어요. 아이가 생기기 전까지는 회사에서 인정받을 정도로 일도 잘하는 편이었으니까요. 그런데 애가 생기면서 그만둘 수밖에 없었죠. 아이가 조금 크고 나면 학교 데려다주고 데리고 와야죠. 자유라고는 눈곱만큼도 없잖아요? 설상가상 딸애는 정말 손이 많이 가는 애였어요. 초등학교 저학년 때 제가 급한 일이 있어서 먼저 가 있으라고 열쇠를 주고 집에 보낸 일이 있었어요. 볼일을 마치고 서둘러 돌아와 보니 그 추운 겨울에 현관 앞에 멍하니 서 있는 거예요. 두 시간이나 그렇게 집 앞에 서서 저를 기다린 거죠. 나를 놀리는 건가 싶어서 화가 머리끝까지 나더라고요. 어휴~ 앞으로도 애한테 그렇게 얽매일 걸 생각하니 정말 끔찍했죠…. 아이 낳은 걸 후회했어요. 선생님은 저를 보면서 너무하다고 생각하시겠죠. 하지만 저도 어쩔 수가 없어요. 아무리 딸을 사랑하려고 해도 안 되는 걸 이제 와서 어쩌겠어요. 그렇다고 밥을 굶긴 적도 없고 나름대로

제2장 딸에게 복종을 요구하는 엄마들

열심히 키웠어요. 뉴스에 자주 나오는 학대 같은 건 한 적 없어요. 저도 제가 할 일은 했다고요."

어떤 의미에서 이 어머니는 열심히 노력하는 사람인지도 모른다. 육아에 대해 과도하게 부담을 느끼거나 무슨 일이든 제대로 하지 않으면 성에 차지 않는 성격일 수도 있다. 그러니 최선을 다해 딸을 보살펴왔다고 자신 있게 말하는 것이리라.

상담을 받으러 오는 엄마 중에는 완벽주의자가 많은데 그야말로 강박수준에 이르는 경우도 적지 않다. 그런 사람은 자신이 해낼 수 없다고 생각하면 모든 것을 내팽개쳐버리는 모 아니면 도 스타일이 많다.

이 어머니는 아이를 때리거나 굶기는 것만 학대라고 생각하고 있었다. 하지만 엄마에게 계속 미움 받으며 자란 것 자체가 아이에게는 체벌보다 더한 학대가 아니었을까.

그녀는 이런 얘기도 했다.

"'나는 네가 정말 싫다'고 딸애 면전에 대고 말한 적도 있어요."

소영 씨는 자신이 엄마에게 사랑받을 가치 없다는 메시지를 태어날 때부터 받아왔다. 의지할 사람이 엄마밖에 없는 어린아이에게 그것은 얼마나 두려운 일이었을까. 상상만으로도 가슴이 아려왔다.

얼어붙을 것만 같은 추위 속에서도 밖에서 엄마를 기다린 것은 아무도 없는 집에 혼자 들어가는 것이 두려워서였을 것이다. 하염없이 기다리던 엄마가 돌아오면 '아이고 우리 애기 추웠지' 하고 따뜻하게 안아줄 거라고 생각했던 것 아닐까? 그러나 애정을 원하는 딸의 행동을 이 어머니는 자신의 발목을 잡는 족쇄로만 보았다.

그것이 딸에 대한 정신적 학대라고 비난하면 이 어머니는 펄쩍 뛰며 오히려 자기합리화를 할 것이다. 나는 그녀가 왜 이렇게까지 딸을 싫어하게 되었는지 그 배경을 찾는 것이 시급하다고 생각했다.

: 딸을 낳는 순간 '내 인생은 끝났다'고 생각해

그녀는 '내가 왜 예쁘지도 않은 딸을 키워야 하는가?' 하는 분노에 가까운 감정을 품고 있다.

이야기를 들어보니 딸을 싫어하는 배경에는 여성적인 정서나 감정에 대한 혐오감이 깔려 있는 듯했다. 이 어머니는 남자 형제에게 둘러싸여 자란 탓에 남자의 영향을 많이 받았다. 귀엽고 아기자기한 것을 싫어하는 등 여성적인 정서와는 상관없이 자랐다. 그렇게 시원시원한 성격의 딸을 아버지는 남자보다 씩씩하다며 예뻐해 주었다.

어머니는 네 명의 아이를 기르면서 딸도 아들처럼 대했다. 그래서 그녀는 다른 남자 형제들처럼 학교를 졸업하면 취직해서 자립하는 것이 당연하다고 생각했다.

"스무 살 넘어서도 결혼을 동경해본 적이 없어요. 결혼은 정말 귀찮은 일이라고 생각했으니까요. 지금 남편과도 결혼할 생각은 전혀 없었어요. 그래서 프러포즈를 받았을 때 집안일도 요리도 잘 못한다는 핑계를 대면서 계속 거절했죠. 그랬더니 집안일은 전부 자기가 맡아서 할 테니까 결혼만 해달라고 하더라고요. 그래서 못 이기는 척 결혼했어요. 하지만 남편도 일을 하는데 집안일이건 요리건 다 한다는 게 말이 되나요. 결국 모든 게 제 몫이 되었죠. '거 봐, 내 이럴 줄 알았지' 하고 결혼을 후회할 무렵 아이 가진 걸 알았죠. 기쁘기는커녕 하늘이 무너지는 기분이었어요. 아, 이렇게 내 인생은 끝나는구나 싶더라고요. 엎친 데 덮친 격으로 낳은 애가 저 모양이니까요. 지금까지 본 적 없는 생물을 보는 것만 같아서 아무리 좋아하려 애써도 소용없었어요."

임신한 걸 알았을 때도 불만을 토로하는 아내에게 남편은 자기가 도울 테니 낳아만 달라고 결혼 때처럼 설득했다고 한다. 하지만 육아만큼은 아무래도 엄마의 손길이 더 필요하다. 그래서 당시에는 아이가 태어나면 여성이 일을 그만두고 전업주부가 되는 것이 일반적이었다.

결국 그녀는 일을 그만둘 수밖에 없었다. 이 어머니에게 딸은 자신의 인생을 방해하는 존재일 뿐이었다. 왜 나만 희생해야 하나, 하는 원망과 불만이 딸에게 향했다. 그렇게 딸에게 분노의 감정을 키워온 것이다.

그렇다고 해도 아이에게 분풀이하는 것은 잔인한 일이다. 아이는 부모를 고를 수 없고 부모의 사정을 알지도 못한다.

'너는 한심한 아이이다', '꼴도 보기 싫다', '너는 엄마를 방해하는 나쁜 아이다'와 같은 엄마의 메시지는 '내가 못나고 나쁜 아이라서 엄마에게 사랑받지 못하는구나' 하는 자책을 아이의 마음속에 심는다. 살아갈 가치조차 없다고 각인된 아이들은 다양한 문제를 일으키게 되는데 소영 씨는 그것이 식이장애로 나타났다.

즉, 엄마에게 마음껏 어리광을 부리지 못하기 때문에 거식증이나 과식증이 일어나는 것이다. 음식물 섭취는 일상적이기 때문에 아이가 스트레스에 노출되었을 때 영향을 가장 많이 받는다.

성장기에 식이장애를 경험한 소영 씨의 몸은 성장을 거부했다. 키가 크지 않고 몸무게도 늘지 않았으며 중학교 1학년 때 시작된 생리도 끊긴 지 오래였다.

: '좋은 엄마'에 대한 의무감을 버리다

　상담을 시작한 지 두 달 정도 지났을까.

　몸이 좋지 않아서 한 달 정도 상담을 쉬고 있던 소영 씨가 예약도 하지 않고 나타났다. 그 모습을 본 나는 놀라움을 금치 못했다. 그렇지 않아도 작고 말랐던 몸은 더 홀쭉하게 말라 비틀어졌고, 얼굴에는 핏기가 전혀 없었기 때문이다. 이대로 돌려보내면 길거리에서 쓰러질 것 같았다.

　나는 곧바로 그녀의 어머니에게 연락해 딸이 위험한 상태니 곧장 병원으로 데려가겠다고 말했다. 소영 씨가 다닌 적 있는 식이장애 전문병원과는 이미 연계를 요청해두었기 때문에 사정을 이야기하니 곧바로 입원시켜주었다.

　예상대로 소영 씨의 몸은 쇠약해질 대로 쇠약해져 있었다. 그러나 그녀는 기말시험이 얼마 남지 않았으니 입원하지 않겠다고 고집을 부렸다. 병원 관계자가 시험날에 학교에 꼭 보내줄 테니 일단 입원부터 하자고 설득하여 겨우 입원이 결정되었다.

　딸이 입원했다고 알리자 어머니는 크게 동요했다.

　"요즘 갑자기 살이 빠져서 걱정은 하고 있었는데 또 민폐를 끼치다니, 참 못 말리겠네요" 하고 민망하다는 듯 대답했다. 하지만 목숨이 위험하다는 말을 해서인지 병원을 찾은 그녀의 얼굴은 굳어 있었다. 갈아입을 옷이나 수건 등을 커다란 가방에서 꺼내 바지런하게 정리하는 모습을 보며 적어도 이 어머니는 양육을 포기하지는 않았구나 하는 생각이 들었다. 애초에 정말 나쁜 엄마라면 상담을 받으러 오지도 않았을 것이다. 할 일은 한다는 그녀의 말은 사실이었을 것이다.

4인실에 입원한 소영 씨는 기말시험 공부를 해야 한다며 링거를 맞으며 책을 펼치고 있었지만 의사가 상태를 보러 올 때마다 울기만 했다. 상담실에서 그랬던 것처럼 '끄억, 끄억' 소리를 내며 어린아이처럼 우는 바람에 다른 환자들에게 피해를 주지 않기 위해 1인실로 옮겼다.

확실히 식이장애를 전문으로 하는 병원이라 대응이 신속하고 환자에게 정신적인 부담을 주지 않으려는 배려가 곳곳에서 느껴졌다. 그 덕분인지 소영 씨는 며칠 지나지 않아 안정을 되찾았다. 내가 병원을 찾았을 때는 입원하길 잘했다며 혈색이 좋아진 얼굴로 지금껏 보여준 적 없는 미소를 띠었다. 주위의 보살핌을 받는다는 것을 실감한 것이리라.

딸이 입원하자 엄마는 내 예상보다 훨씬 큰 충격을 받은 듯했다. 자식이 생명의 위협을 느끼고 있는 데다 그 원인을 제공한 사람이 자신이라는 현실과 마주하고나서, 그녀는 마치 다른 사람이 된 듯한 변화를 보였다. 간병 시스템을 갖춘 병원이라 보호자가 필요 없는데도 엄마는 날마다 병원에 와서 구시렁거리면서도 딸을 돌보았다.

엄마가 매일 병원에 오는 것이 소영 씨에게는 큰 기쁨이었을 것이다. 내가 병문안을 갔을 때도 "병원 밥이 맛있어요. 엄마가 머릿결이 좋아졌다고 칭찬해줬어요" 하며 나이에 맞는 명랑한 말투로 이야기해주었다.

소영 씨는 상담과 병원의 연계가 잘 된 케이스다. 나는 이 모녀의 상담을 맡고 병원은 딸의 몸 상태를 세세하게 관리했다.

엄마가 매일 와서 돌봐준다는 안심감과 적절한 식사, 호르몬 치료가 효과를 보인 걸까. 소영 씨는 생리를 다시 시작했고 살도 통통하게 올랐다. 위험한 고비를 넘기자 퇴원하여 통원치료를 받았다. 그리고 성장호르몬 분비가 촉진된 것인지 1년 후에는 키도 많이 자라서 마치 다른 사람 같았다.

그동안 정기적으로 상담도 지속했다. 나는 지금껏 표현하지 못한 소영 씨의 속마음을 들으며 당신이 잘못한 것은 없으며 앞으로 점점 성장해 갈 것이라는 믿음을 심어주었다.

이는 자기효능감(자신의 능력으로 문제를 해결할 수 있다는 신념)을 높이는 효과가 있는데 자기효능감이 높은 사람은 무엇이든 자신감을 갖고 도전한다.

딸의 변화를 두 눈으로 지켜본 엄마도 큰 변화를 보였다.

"우리 딸 살려주셔서 정말 감사드려요."

허리를 숙여 인사하며 그녀는 심경의 변화를 말해주었다.

"사실 딸애는 틀렸구나 했어요. 얘는 살아 있어도 의미가 없구나 하는 생각도 했죠. 저는 정말 엄마 자격이 없나봐요. 사람들이 손가락질해도 할 말이 없어요. 실제로 저는 애 키우는 데 실패했고 이제 와서 아이를 사랑하라고 한들 나아질 리도 없고요⋯. 딸애 얼굴을 보면 지긋지긋하다는 느낌은 아직도 들어요. 그래도 죽을 뻔했던 딸이 점점 회복해가는 모습을 보면 다행이라는 생각이 드네요. 그대로 딸이 잘못됐다면 엄청나게 후회했을 거예요."

"소영 씨는 몸도 건강해지고 꽤 여성스러워졌더군요. 따님은 어머님을 진심으로 사랑하고 있어요. 앞으로 어머님의 좋은 말상대이자 친구가 될 겁니다."

내가 그렇게 말하자 그녀는 복잡한 표정을 지었다.

"하지만 그 애가 건강해져서 무척 기쁘거나 한 건 아니에요. 기쁘기도 하고 그렇지 않기도 하달까⋯. 아직은 그 애를 사랑한다고는 못하겠어요."

또다시 마음이 닫힌 듯 솔직하게 고백하는 그녀에게 나는 이렇게 조언했다.

"억지로 따님을 예쁘다고 생각하지 않으셔도 됩니다. 그럴 필요는 전혀 없어요. 모든 엄마가 자기 자식을 예쁘다고 생각하며 키우는 건 아니니까요. 너무 신경 쓰지 마세요. 내버려두면 죽을지도 모르니까 어쩔 수 없이 보살펴야지 할 때도 있겠죠. 사람을 키우는 것은 그만큼 손이 가고 힘든 일이랍니다. 애정만으로 해결되는 문제가 아니지요. 그런 의미에서 어머님은 이러니저러니 해도 따님을 내팽개치지 않고 지금까지 키워오셨잖아요? 제 말 잘 들어보세요. 어머님이 따님을 싫어한다고 느끼는 것은 딸을 나 몰라라 할 수 없었기 때문이겠죠. 내팽개칠 수 있었다면 진작 그렇게 했을 거예요. 하지만 아무리 싫어도 그렇게 할 수는 없죠. 바로 그게 부모와 자식 간의 정이고 애착이에요. 그러니 억지로 예쁘다고 생각할 필요는 없어요. 어머님은 이미 따님에 대해 애착을 갖고 있어요. 다만 지금껏 따님을 내버려두지 않고 애써온 것처럼 마지막까지 포기하지 말고 따님을 키워서 진정한 딸로 여겨주시면 어떨까요? 어머님이 조금만 더 힘내시면 그 다음은 따님이 알아서 살아갈 테고 분명 어머님의 든든한 지원군이 될 거예요."

그러자 엄마는 촉촉하게 젖은 눈으로 물었다.

"아직 회망이 있나요? 지금부터라도 딸아이는 제대로 살아갈 수 있을까요?"

서로를 사랑하지 못하는 엄마와 딸

"물론이죠. 당연히 그럴 수 있습니다."

"그럼 해야겠네요. 싫더라도."

그녀는 거친 말투로 대답했지만 나를 바라보며 짓는 미소만큼
은 시원했다.

: 딸은 당신의 애완동물이 아니다

이 모녀를 상담한 지 1년 반이 지났다.

소영 씨는 그 후에도 정기적으로 치료를 받았으며 지금은 아르
바이트를 해도 될 정도로 몸 상태가 완전히 회복되었다. 굽이 높
은 신발을 신어서인지 몰라도 내 눈에는 키가 10cm 이상 큰 것
처럼 보였다.

'끄억, 끄억' 흐느끼며 아이처럼 갑자기 울음을 터뜨리는 버릇
이 없어지고 성격 또한 밝아졌다. 그런 그녀가 나에게 밝은 목소
리로 말했다.

"엄마가 쇼핑하자고 해서 같이 백화점에 갔어요. 저는 이렇게
예쁜 옷은 사본 적도 없고 제 취향도 아니지만 이게 잘 어울린다
면서 엄청나게 여성스러운 옷을 골라주는 거예요. 젊으니까 이 정
도는 입어줘야 한다면서요. 엄마의 그런 모습은 지금까지 본 적이
없어요."

갑작스러운 엄마의 변화에 당황한 듯했지만 무척 행복해 보였다.

소영 씨에게는 말하지 않았지만 어머니의 태도는 너무 갑작스레 변한 감이 있었다. 딸의 체형이 갑자기 바뀌어서 자신이 싫어했던 생물과는 다른, 새로운 생물을 만난 것과 같은 흥분에 젖어 있는 것 같기도 했다.

엄마가 이런 식으로 변하는 것은 자주 있는 일이다. 자신의 생각과 처지가 달라지자 딸이 달리 보이는 것이리라. 이는 적응력이 뛰어난 여성에게 자주 나타나는 현상이다. 그러나 이것을 관계 개선이라고 보기는 어렵다.

그 후 어머니와 상담을 할 때 딸을 애완동물로 여겨서는 안 된다고 못을 박았다. 엄마가 딸을 애완동물로 삼으려 하면 또 다른 형태로 딸을 지배할 위험이 있기 때문이다. 그녀는 순간 발끈했지만 내 말의 뜻은 잘 알아들은 듯했다.

부모와 자식 사이에 적절한 거리를 두는 것은 매우 어렵다. 너무 멀어도 안 되고, 너무 가까워도 관계가 뒤틀린다.

이 어머니가 딸을 사랑하지 않았다고는 볼 수 없다. 다만 딸로서, 여자로서, 자신이 누리지 못한 것을 누릴지도 모르는 딸을 용서하지 못하는 마음이 더 컸던 것이다. 그래서 딸을 미워하고 더는 성장하지 못하도록 방해한 것이다.

서로를 사랑하지 못하는 엄마와 딸

사랑과 증오는 동전의 양면과 같다. 과연 적절한 애정, 적절한 거리감이란 게 존재하는 것일까? 부모라면 누구나 경험하는 고민이다. 그것을 어떻게든 고쳐가면서 우리는 부모·자식 관계를 이어나가는 것이다.

완벽한 엄마의 콤플렉스

> 엄마는 자신이 깔아둔 레일 위를 딸이 말없이 달려주길 바란
> 다. 언뜻 애정을 쏟는 것처럼 보이지만 이는 레일 위를 달리
> 는 장난감을 아끼는 마음과 같다. 딸은 엄마의 뜻을 거스르
> 면 사랑받지 못할 거라는 두려움에 빠지게 되고, 정신적 스트
> 레스로 도둑질까지 하게 되었다.
> **엄마 : 50대, 딸 : 이희진(가명), 20대**

⠂ 기분보다는 체면이 우선

"지금껏 단 한 번도 고생시킨 적 없는데 대체 왜 도둑질을 했는
지 모르겠네요."

희진 씨의 어머니와 맨 처음 상담했을 때, 다소 거친 말투와 완
벽한 화장, 품위 있고 센스 있는 몸가짐, 빈틈없는 몸짓이 왠지 따
로 노는 인상을 받았다.

"이런 짓을 하고서 제대로 졸업이나 할 수 있을지 걱정이에요."

그 말을 들었을 때 이 어머니가 약간 차가운 인상을 풍기는 이
유가 바로 그 따로 노는 느낌 때문이라는 생각이 들었다. 그녀가

걱정하고 있는 것은 딸이 저지른 일이나 기분이 아니라 대학을 졸업할 수 있을지 여부였다.

여대에 다니는 희진 씨가 대학 근처 편의점에서 물건을 훔치다 주인에게 발각되어 경찰에 신고된 것은 상담을 하기 일주일 전이었다.

그녀의 집안은 도둑질을 할 만한 가정형편이 아니었다. 아버지는 63세로 대기업 임원이었다. 엄마는 서른을 넘겨 지인 소개로 선을 보고 열 살 연상인 지금의 남편과 결혼했다. 그리고 서른셋에 외동딸인 희진 씨를 낳았다. 그 후 친정의 도움으로 도심에서 그리 멀지 않은 인기 지역에 집을 지었다고 하니 경제적으로는 무척 풍요로운 가정이었다.

외동딸인 희진 씨는 엄마가 나온 여대에 다니고 있었다. 명문 사립중·고등학교를 거쳐 엄마의 소원이었던 대학에 합격한 것이다. 엄마에게 그녀는 분명 자랑스러운 딸이었을 것이다. 그런 딸이 도둑질을 했으니 놀라지 않는 것이 이상할 정도였다. 그러나 나는 상담을 진행함에 따라 이 도둑질의 배경에는 모녀의 뿌리 깊은 갈등이 숨겨져 있다는 사실을 알게 되었다.

딸은 식이장애를 앓고 있었다. 고등학교 때부터였다고 한다. "살찌니까 안 먹을래", "다이어트 중이야" 하면서 음식을 먹지 않았다. 엄마는 안 먹으면 몸 망가진다고 걱정했지만 희진 씨의 다이어트 습관은 계속되었다. 그래도 고등학교 때는 그리 심각하지 않았다고 어머니는 말한다.

과식과 거식이 번갈아 나타나고 먹은 것을 토하기 시작한 것은 엄마의 모교에 합격한 후였다. 살찌니까 안 먹는다며 엄마가 보는 데서는 음식을 입에 대지 않았다. 그러다가 밤중에 충동적으로 가방에 숨겨두었던 빵이나 과자를 마구 집어 먹었다. 정신없이 먹다가 화장실로 달려가 토하기를 반복했다.

편의점에서 도둑질한 것도 충동적으로 진열대에 있는 빵을 가방에 넣고 있는 모습을 주인에게 들킨 것이었다. 그녀의 말에 따르면 이러한 도둑질은 이번이 처음이 아니다. 이전에도 수상한 행동을 하다가 주의 받은 적이 있다고 한다. 돈이 있는데도 갑자기 머릿속에 음식 생각이 가득 차올라 무의식적으로 훔치게 된다고 희진 씨는 괴로운 표정으로 나에게 고백했다.

식이장애가 생명을 위협할 정도는 아니었지만 증상이 꽤 심각해 보이기에 전문의와 상담할 것을 권했다. 마음을 회복하려면 우선 몸이 건강해야 하기 때문이다.

이 모녀와도 오랜 시간 함께하겠구나 하는 생각이 머리를 스쳤다.

서로를 사랑하지 못하는 엄마와 딸

: 말 잘 듣는 착한 아이는 과연 행복할까

도둑질 소동이 일어난 후 병원까지 다녀야 한다는 얘기를 듣고 어머니는 무척 실망한 듯했다. 식이장애로 숨어서 먹거나 토하는 딸을 봤을 텐데 막상 그렇게 변한 모습이 도저히 믿기지 않는다는 반응이었다.

"딸애는 고1, 2 때만 해도 정말 말도 잘 듣고 착했어요. 어릴 때부터 제가 무슨 말을 하든 잘 따랐고 기억력이 좋아서 한 번 안 된다고 말하면 절대 안 했어요. 발레, 피아노, 수영 수업 때도 단 한 번도 싫다는 소리 없이 뭐든지 저랑 함께 해왔어요. 그렇다고 제가 애한테 억지로 강요한 게 아니에요. 이거 재미있는데 엄마랑 같이 해볼래? 하고 물으면 언제나 기쁜 얼굴로 한다고 했거든요. 저도 딸아이랑 이것저것 배우는 게 즐거웠고, 좋은 추억이었다고 생각해요. 공부나 성적 면에서도 제가 이것저것 엄격하게 강요한 적은 단 한 번도 없어요. 늘 알아서 착실하게 공부했고 성적도 좋았어요. 그렇게 열심히 하는 모습을 보면 저도 모르게 상을 주고 싶어져서 같이 쇼핑을 간 적도 많아요. 그때는 딸아이도 무척 즐거워 보였고요. 집안일을 도와달라고 부담을 준 적은 단 한 번도 없었고, 오히려 공부에 집중할 수 있는 환경을 만들어주기 위해 배려했어요. 그런 의미에서는 엄마 역할은 제대로 했다고 생각하는데…. 어디가 잘못된 걸까요?"

이 어머니는 아직도 자신이 완벽한 엄마였다고 믿으려 했다. '나는 잘못한 게 없는데 딸이 잘못된 방향으로 나가버린 것'이라고.

하지만 딸은 지금껏 엄마가 깔아놓은 레일 위를 말없이 달려왔다. 희진 씨는 머리가 좋고 무슨 일이든 잘했기 때문에 엄마의 기대에 부응했고 심지어 그것을 스스로 바라기도 했다. 착한 딸이 되어 말을 잘 들으면 엄마가 기뻐하니까 하며 자아를 모조리 지워버리고 엄마가 깔아놓은 레일 위를 달려온 것이다.

희진 씨의 식이장애는 몸과 마음이 더는 견딜 수 없다며 내지르는 비명과 같은 것이었다. 그래도 그녀는 엄마와 같은 대학에 들어가기 전까지는 레일에서 벗어나지 않으려고 애써왔다. 그러다가 대학에 들어가자 간신히 견디고 있던 마음이 비명을 내지른 것이다.

어머니가 그것을 이해하기까지는 많은 시간이 걸렸다. 그녀의 의식 속에는 언제나 말 잘 듣는 어린 희진 씨의 모습이 남아있어서 돌아갈 수만 있다면 그때로 돌아가고자 했다. 언제나 딸이 순순히 행동했던 탓에 자신이 딸을 짓누르고 있다는 사실은 상상조차 하지 못한 듯했다.

이 어머니는 딸을 사랑하는 것일까.

언뜻 애정을 쏟는 것처럼 보이지만 이는 딸에 대한 애정이라기보다는 자신이 만든 레일 위를 내 뜻대로 달려주는 장난감을 아끼는 마음과 같다. 지금껏 고통 받아 온 딸, 위기에 빠진 딸을 받아들이지 못하는 모습을 보니 그런 느낌을 지울 수 없었다.

재능도 감성도 풍부한 희진 씨는 엄마보다 좋은 대학에 갈 수 있었다. 하지만 엄마는 그것을 용납하지 않았다. 그녀는 자신이 걸어온 길 이외의 가능성을 딸에게 허락하지 않았고 자신보다 뛰어난 길은 절대로 가지 못하게 딸의 앞길을 막아온 것이다.

⠿ 착한 행동의 이면에 숨겨진 두려움

한편, 오랫동안 엄마가 만든 레일 위를 달려온 딸도 자신이 왜 식이장애로 고생하고, 물건을 훔치게 되었는지 몰라 혼란스러워했다. 처음에 엄마에 대한 느낌을 물어도 희진 씨는 골똘히 생각하더니 마치 가면 같은 얼굴로 고개를 가로저을 뿐이었다. 인간이 자각할 수 있는 의식이란 생각보다 믿을 만한 것이 못 된다. 희진 씨의 어머니가 그렇듯이 알고 싶지 않은 것은 무시하고 자신에게 유리한 이야기만 믿는 것도 가능하다.

희진 씨도 이 책에 소개된 다른 이야기와 마찬가지로 엄마의 뜻을 거스르면 사랑받지 못할 거라는 공포를 어릴 때부터 느끼고 있었다. 그러나 그 '두려움'을 말만 잘 들으면 아무 일도 일어나지 않을 거라는 '믿음'으로 환원해왔다. 자신을 위해 그렇게까지 열성적인 엄마를 배신해서는 안 된다는 딸의 생각은 매우 강했다. 그것이 '나'라는 자아를 약하고 미덥지 못한 사람으로 점점 왜곡해 갔다. 비극적인 사실은 그것을 엄마도 딸도 깨닫지 못하고 있다는 것이다.

그러나 상담을 이어가면서 희진 씨는 '엄마가 기뻐하는 모습을 보고 싶어서 착한 딸 노릇을 해왔다'는 이면에 엄마에 대한 두려움이 숨어 있다는 것을 차츰 알게 되었다. 그녀는 다정한 엄마가 갑자기 차가운 사람으로 변하는 것이 무서웠다고 한다. 특히 엄마가 시키는 대로 하지 않는 것이 큰 잘못처럼 여겨졌다고 한다.

그 말을 들었을 때 다시금 나는 어머니와의 상담에서 처음에 느낀 냉정함을 떠올렸다. 그녀는 딸이 편의점에서 도둑질한 것보다 대학을 무사히 졸업할 수 있을지를 더 걱정하고 있었다. 그렇게까지 딸이 힘들어하는데도, 자신이 만든 레일 위를 달린다면 딸의 미래는 문제없을 거라고 믿고 있었다. 희진 씨는 망가진 꼭두각시였는데 엄마는 그런 딸을 보고 싶지 않았던 것이다.

그래서 "따님은 지금 매우 힘든 상황입니다" 하고 아무리 말해도 "애써서 만들어준 요리는 먹지도 않고, 자기가 먹고 싶은 것 먹고 토하는 게 대체 뭐가 힘들다는 건지 모르겠네요. 딸에 관해서는 제가 가장 잘 알고 있다고요" 하며 딸의 상황을 이해하려 하지 않았다. 어디까지나 자기 처지에서 보려는 것이다.

이럴 때 아버지가 엄마와 딸 사이에서 균형을 잡아주는 것이 바람직하지만 대부분의 아버지는 모녀의 문제에서 도망치거나 못 본 척하기 일쑤다.

희진 씨의 아버지도 딸을 무척 다정하게 대해주며 예뻐했지만 결국은 응석만 받아주며 딸의 기분을 맞춰줄 뿐이었다. 아버지도 엄마처럼 자신의 입장에서만 딸을 보기 때문이다.

∶ 아버지의 병이 가족을 변화시키다

희진 씨는 통원치료를 하면서 몸 상태가 좋을 때만 수업을 들으러 갔다. 회복을 향해 가고 있기는 하지만 아직 완전히 나았다고는 할 수 없었다. 나와 상담할 때에도 엄마와의 관계에 관한 이야기를 꺼내면 또다시 가면 같은 표정으로 돌아가 지금까지의 인생을 생각하면 죽고 싶다고 말하기도 했다. 나는 희진 씨가 엄마와의 관계를 차분하게 바라볼 수 있을 때까지 아직은 시간이 필요하다고 생각했다.

그러던 어느 날, 한 사건을 계기로 희진 씨는 생각지도 못한 변화를 보이기 시작했다.

사건은 바로 아버지의 직장암 수술이었다. 암이 꽤 진행되었기에 의사는 힘든 수술이 될 거라고 했다. 그 얘기를 듣고 누구보다 강했던 엄마가 불안에 떨며 집안일을 할 수 없을 정도로 무너져버렸다. 경제적으로도 정신적으로도 당연히 자신을 지켜주어야 한다고 생각했던 남편이 갑자기 쓰러져 불안의 구렁텅이에 떨어진 듯했다.

"딸애 때문에 안 그래도 힘든데 남편까지 이렇게 돼서 저는 대체 어찌해야 좋을지 모르겠어요."

어머니는 초췌한 얼굴로 나에게 호소했다.

그런데 그런 엄마를 위로하고 달랜 것이 바로 딸인 희진 씨였다. 동요하는 엄마를 대신해 아버지의 담당의를 만나서 병세에 대한 자세한 설명을 들었다. 그리고는 침착하게 설명하며 괜찮으니 안심하라고 엄마를 위로했다.

그녀는 아버지와 담당의 사이에서도 소통을 도우며 "아빠, 선생님이 권하시는데 이 치료를 받아보는 건 어때요?"하며 아버지와 함께 병과 맞서 싸웠다.

그런 희진 씨의 괄목할 만한 변화에 그녀의 부모는 물론 나 또한 놀라움을 금치 못했다.

: 자신감은 두려움을 먹고 자란다

마침 양로원에서 노인들의 수발을 드는 자원봉사자를 찾는다는 소식을 듣고 희진 씨에게 권하니 꼭 가고 싶다는 대답이 돌아왔다. 그녀의 눈빛에는 자신이 가족을 지켜야 한다는 사명감이 흘러넘쳤다.

지금껏 집안일은 전부 엄마가 도맡아 했기에 희진 씨가 잘해낼 수 있을지 걱정되었지만 뭐든 해보면 경험이 될 것 같아 나는 그녀를 양로원에 보냈다.

공부나 무엇을 배우는 것에는 능해도 무엇이든 엄마가 다 해주었던 희진 씨의 생활능력은 낮을 것이 뻔했다. 하지만 자원봉사에 참가한 직원 말로는 그녀는 어르신들의 대소변도 싫은 기색 없이 받아냈다고 한다. 직원이 정말 대단하다며 칭찬하니 영문을 모르겠다는 듯 말똥말똥 쳐다보다가 이 정도는 별것 아니라면서 생긋 웃었다고도 한다. 내가 희진 씨에게 다른 사람을 돌보는 일이 꽤 잘 맞는 것 같다고 했더니 본인도 그렇게 생각한다며 조금 자랑스러운 듯 고개를 끄덕였다.

아버지가 쓰러지고 수입이 없어지자 생계에 불안을 느낀 것일까? 아니 그보다는 엄마의 지시 없이 자신에게 맞는 일을 찾아내고자 적극적인 의지를 발휘한 것이리라.

집안일이든 무엇이든 척척 해내는 완벽한 엄마가 무너지는 모습을 눈앞에서 보고, 처음으로 딸은 엄마가 약하다는 것을 알게 되었다. 그로 인해 엄마에 대한 두려움이 사라지고 이번에는 자신이 가족들을 지키고 보살펴야 한다는 사명감이 끓어오른 것이다. 아버지의 병은 엄마를 무너지게 만들었고 이는 결론적으로 희진 씨에게 긍정적인 변화를 가져다주었다.

"아빠는 편찮으시고, 엄마도 나이를 먹어서인지 정신적인 충격 때문인지 많이 약해진 것 같아요. 이제는 제가 나서야죠."

희진 씨는 정말 믿음직스러웠다. 지배하고 지배당하는 '예속' 관계가 아니라 능동적으로 부모와 관계 맺는 길을 찾아냈다. 이는 자신 안에서 끓어오른 새로운 '나와 엄마의 이야기'의 시작이기도 했다.

엄마에 대한 두려움이 사라지자 그녀는 자신의 힘을 깨닫기 시작했다. 그리고 정서적으로 여유가 생겨 지금까지의 감정을 엄마에게 털어놓을 수 있게 되었다. 식이장애로 죽고 싶을 정도로 무기력했다는 것도 이야기했다. 그러자 힘들게 해서 미안하다며 엄마가 안아주었다고 한다. 인형을 예뻐하는 마음이 아니라 이 어머니는 처음으로 딸을 한 사람의 어엿한 인간으로서 안은 것이다.

6년 만에 대학을 졸업한 희진 씨는 현재 간호사의 길을 걷고 있다. 아버지는 수술을 성공적으로 마치고 집에서 요양 중이다. 아

서로를 사랑하지 못하는 엄마와 딸

버지를 보살피는 일에 대해서는 오히려 엄마보다 딸이 주도권을 쥐고 이것저것 제안하고 있다고 한다.

마지막 상담에는 모녀가 나란히 인사를 하러 왔다. 아버지의 요양을 겸해서 세 식구가 여행을 떠난다고 어머니는 들뜬 목소리로 말했다.

"믿음직스러운 따님이 곁에 있으니 든든하시겠어요."

내가 말하자 두 사람은 마주 보며 웃었다.

딸의 성장을 방해하는 어머니들

이 장에서 소개한 이야기는 흔히 세간에서 손가락질하는 학대와는 양상이 조금 다르다. 엄마가 딸을 심하게 몰아붙이기는 했지만 체벌을 한 것은 아니다. 그러나 앞서 소개한 이야기에서 어떤 딸은 엄마의 비정상적이고 과도한 간섭으로 인해 알코올에 의존하게 되었고 나머지 두 이야기에서는 중증 식이장애로 고생했다. 뿌리 깊은 '추모공포(醜貌恐怖)'를 겪는 딸도 있었다. '추모공포'란 자신의 용모나 신체가 추하다고 생각하는 일종의 대인공포다.

그녀의 엄마는 딸이 태어났을 때 이렇게 못생긴 딸은 필요 없다고 생각했다고 나에게 고백했다. 실제로 딸에게 '못생겼다'는 말을 한 적은 없지만 엄마의 잔혹한 시선이 얼마나 아이를 병들게 했을지는 두 말할 필요도 없다. 이 딸은 무의식적으로 '못생긴 나는 엄마에게 사랑받을 가치가 없다'는 자책의식을 갖게 되었다. 이러한 심리적 의식은 신체를 통해 드러났다. 키도 자라지 않았고 중학생 이후 생리도 끊겼다. 또한 말도 제대로 하지 못하고 궁지에 몰리면 어린아이처럼 '끄억, 끄억' 하고 소리 높여 울곤 했다.

그래도 그런 딸들의 엄마는 '나는 딸을 제대로 키워왔다'고 말한다. 딸을 피아니스트로 키우려고 했던 엄마는 지도교수에게 딸을 위해 자신이 얼마나 애써왔는지를 주장했다. 하지만 과연 그것이 본심일까. 그렇게까지 딸을 감시하고 옥죄면 언젠가 망가져버린다는 것을 한편으로는 알고 있지 않았을까. 이 딸도 '피아노가 좋았다'고 했다. 엄마가 지나치게 간섭하지만 않았다면 자연스럽게 그 재능을 꽃피워서 엄마가 바라는 피아니스트가 되었을지도 모른다. 그 싹을 잘라낸 사람은 다름 아닌 엄마였다.

딸에게 엄마의 레일 위를 달리도록 강요한 이야기에서도 마찬가지다. '딸을 위해서'라고 말은 하지만 실은 마음속 어딘가에서 딸의 존재에 질투와 위협을 느끼고 있다. 과연 어디까지 버틸 수 있을까? 하는 마음으로 가혹한 짓을 하는 모습이 엄마의 이면에 있다. 딸을 사랑하는 마음이 훨씬 크기 때문에 딸에 대한 질투와 미움이 묻혀버리는 것이다. 자신이 딸을 괴롭힌다고 깨닫지 못한 엄마는 '딸을 위하는 마음 하나로 애써 왔는데 왜 이런 일이 벌어졌는지 알 수가 없다'며 한탄한다.

엄마의 지배력을 이용해 딸의 자아를 파괴하는 행위는 체벌이나 심한 꾸지람과는 다른 의미에서 학대라 부를 수 있지 않을까?

무서운 증오의 대물림

엄마에게 딸은 자신의 분신이다.

자신 안의 무엇이 딸에게 투영되느냐에 따라 딸은 자신을 이해해주는 파트너가 될 수도 있고, 미워해야 할 경쟁자나 성장을 멈춰야만 하는 적이 될 수도 있다.

이 장에 소개된 엄마에게 딸은 머지않아 자신을 배신할 존재, 자신을 위협할 존재였다. 그러나 정작 엄마들은 그것을 의식하지 못한다. 딸을 피아니스트로 만들고자 했던 엄마는 표면상으로는 '딸이 자신의 꿈을 이뤘으면' 하고 바란다. 그러나 그 의식의 밑바닥에는 '내가 이루지 못한 꿈을 딸이 쉽사리 이루는 꼴은 못 봐' 하는 마음이 꿈틀거리고 있었던 것은 아닐까.

엄마와 딸의 경쟁 관계는 복잡하게 뒤얽혀 있다. 어디까지 허용하고 어디부터는 허용할 수 없는지, 딸이 자신을 넘어서는 것을 받아들일 수 있을지 여부는 사람에 따라 다르고 같은 사람이라도 양육의 단계에 따라 달라질 것이다. 그런 경쟁의식과 질투는 양육의 단계가 진행됨에 따라 다양한 형태로 나타난다.

자신이 만든 레일 위를 딸이 걷기 원했던 엄마의 경우, 자신도 부모가 만든 레일 위를 걸어야 했다고 속으로 원망했는지도 모른다. 그러니 딸이 자유로운 길을 걷는 것을 용서할 수 없고, 만약 딸이 그렇게 한다면 자신을 배신하는 행위라고 생각했을 것이다. 자신이 참았으니 딸도 참아야 한다는 식의 강요나 딸이 자신을 앞서 가지 않도록 막는 것은 경쟁의식에서 비롯된 행동이다.

이처럼 과도하게 딸에게 경쟁의식을 불태우는 엄마들은 딸이 자신의 좋은 파트너가 되리라는 것을 믿으려 하지 않는다. 실은 엄마 자신이 극심한 인간에 대한 불신을 품고 있는 것이다.

이러한 인간에 대한 불신은 자신들의 엄마, 그리고 자신이 자란 환경을 통해 대물림된 것이다.

딸이 싫다는 엄마는 남자 형제들 속에서 남자들과 경쟁하는 환경에서 자랐다. 그 속에서 '여자인 게 싫어. 여자는 손해야' 하는 의식을 키워왔다. 그리고 남자들과 어깨를 나란히 하며 일적으로 성공하고 싶었는데 여자라는 이유로 아이를 낳았고, 설상가상으로 낳은 아이가 자신과 동성인 딸이었다. 엄마는 그 딸을 키우기 위해 하고 싶은 일을 그만둘 수밖에 없었다. 그리고 그녀의 원망은 고스란히 딸에게로 향했다.

이런 엄마들은 자신이 받은 대접을 억울해하며 인간불신에 빠지기 쉽다. 그리고 그것은 곁에 있는 약한 존재에게로 향한다.

'분명 너도 나를 배신하겠지. 그러니 네 맘대로는 아무것도 못해!' 하는 마음이 칼날이 되어 딸에게 향하는 것이다.

거기에는 여러 세대에 거쳐 반복되는 '원망의 대물림'이 숨죽이고 있다.

자신부터 믿어야 딸을 온전히 사랑할 수 있다

이 엄마들의 숨겨진 원망이나 경쟁의식은 엄마와 딸 사이에 끝없는 절망과 분노를 낳는다. 딸은 엄마에게 받은 상처에서 벗어나지 못하다가 결국 자신의 딸을 경쟁자로 삼고 분노와 증오의 활시위를 당기기도 한다. 참으로 헛되고 가슴 아픈 대물림이다.

이 절망의 고리를 끊어내는 열쇠는 딸을 믿는 것이다. 딸은 나를 사랑하며 배신하지 않는다는 믿음이다.

남을 믿지 못하고 자신의 내면 어딘가에서 자신감이 흔들리는 사람일수록 딸이 결국 자신을 배신할 것이라는 환상을 품기 쉽다.

오랜 시간 인간불신, 자기불신을 마음속에 품어온 엄마에게 딸이 태어난 것은 어쩌면 좋은 기회일 수도 있다. 딸을 믿는다는 것은 자신을 믿는 것이다. 자신을 믿을 수 있다면 사람을 믿을 수 있게 된다. 딸은 엄마를 위해 그 열쇠를 쥐고 태어나는 존재다.

이 장에서 소개한 엄마는 모두가 갈등 끝에 딸을 믿는 출발점에 섰다고 생각한다. 세대를 거쳐 생겨난 불신을 하루아침에 없앨 수는 없다. 그러나 나아가기도 하고 물러나기도 하면서 모녀는 서로를 성장시키는 존재다. 딸이 너무 싫다고 말한 엄마에게 나는 딸과 분명 좋은 친구가 될 거라는 메시지를 반복적으로 전했다. 처음에는 어두운 미래만 그리며 그럴 리가 없다고 들은 척도 하지 않았던 엄마가 딸과 팔짱을 끼고 딸의 옷을 사러 갔다. 과연 엄마는 그런 날이 오리라 예상했을까?

그러나 그런 날은 찾아왔다. 그렇게 엄마와 딸이 다시 만나는 순간이 상담사로서 나의 기쁨이기도 하다.

너무나 버거운
엄마의 사랑

화기애애함 속에 가려진 왜곡된 관계

인기 아이돌그룹의 콘서트장에는 젊은 패션 감각을 자랑하는 엄마와 딸이 많이 보인다. 패션뿐 아니라 대화 수준이나 몸짓도 비슷해서 모녀가 아니라 친구나 자매로 보이기까지 한다. 딸은 그런 젊은 엄마가 자랑스럽고 엄마는 딸과 눈높이를 맞출 수 있다는 사실에 더없이 기쁘다.

이런 장면이 연출되는 곳은 콘서트장뿐만이 아니다. 백화점이나 마트에서도 닮은꼴 모녀가 팔짱을 끼고 사이좋게 쇼핑한다. 그런 모습을 보면 모녀관계가 예전과는 꽤 많이 달라졌다는 생각이 든다.

최근에는 딸이 어릴 때부터 자신의 것과 비슷한 옷을 입히는 엄마가 많다. 반대로 아이의 수준에 맞춰 행동하거나 아이가 쓰는 말투를 따라하는 엄마가 늘고 있다. 이는 엄마와 딸이 정서적인 유대보다는 외모나 행동하는 수준으로 이어져 있다고 볼 수 있다. 비슷한 옷차림을 하고 번화가에서 팔짱을 낀 채 활보하거나 놀이공원에서 '완전 재밌어!', '대박!'을 연발하는 모녀는 겉으로 보기에는 아무런 문제도 없는 것처럼 보인다. 그러나 과연 마음의 유대도 그럴까?

내 상담실에는 무언가에 발목을 잡힌 모녀가 많이 찾아온다. 그중에는 언뜻 사이가 좋아 보이는 모녀가 꽤 있다.

어떤 모녀든 서로 위로가 되는 사이좋은 모녀가 되고 싶었을 것이다. 그러나 어디에서부턴가 모녀관계는 어긋나고 뒤틀리기 시작한다. 엄마의 바람과 딸의 의지가 강할수록 뒤틀릴 가능성이 크다. 그런 모녀와 만날 때마다 딸에 대한 엄마의 애정은 양날의 검이라는 생각을 하게 된다.

지금부터 소개하는 세 모녀는 어찌 보면 완전히 다른 내용처럼 보이지만 실은 같은 마음이 빚어낸 관계라 할 수 있다. 정도의 차이는 있겠지만 엄마와 딸의 관계에 스트레스를 느낀 적이 있는 독자라면 충분히 공감할 것이다.

딸은 엄마의 복제품이 아니다

> 남편과 헤어진 엄마는 딸을 '누구에게도 부끄럽지 않은 아이
> 로 키우겠다'는 의지가 강하다. 특히 사회적으로 성공한 여성
> 일수록 그 욕구가 크다. 그들은 딸에게 자신의 것과 비슷한
> 옷을 입히고, 심지어 말투 하나까지 간섭한다. 그 결과 딸은
> 엄마의 복제품이 되어 버렸다.
>
> **엄마 : 40대, 딸 : 양혜승(가명), 고등학생**

: 억지로 만들어진 일란성 쌍둥이

이 모녀가 나란히 상담실로 들어왔을 때 나는 놀라서 두 사람
을 멀뚱멀뚱 쳐다보고 말았다. 두 사람이 마치 일란성 쌍둥이처럼
똑 닮은 모습이었기 때문이다.

모녀가 닮은 건 당연하지만 중간 길이의 굵은 웨이브 머리를 하
고, 비슷한 디자인의 옷을 입은 두 사람이 나를 향해 다소곳이
인사하는 모습이 인상 깊었다.

딸의 옷은 그 나이 대에 어울리는 옷이었지만 묘하게 엄마가
입고 있는 옷과 비슷한 느낌이 들었다. 분명 엄마가 골라주었을

것이다. 게다가 둘의 말투나 태도가 똑같아서 순간 일란성 쌍둥이처럼 보인 것이다.

"잘 오셨습니다. 이런 곳에 오면 긴장되겠지만 마음 편하게 가지세요. 혜승 양과 이야기를 나눠보고 싶어서 제가 어머님께 부탁했어요. 요즘 어떻게 지내는지 말해줄 수 있을까요?"

가능한 한 혜승 양의 긴장을 풀어주기 위해 애쓰며 말을 걸었다. 그러자 그녀는 쉽사리 대답하지 못하고 엄마의 눈치를 살피는 듯했다. 어떤 모녀든 이런 경향이 있기는 하지만 엄마의 잔소리와 간섭이 심한 경우에는 예외 없이 딸은 입을 다무는 경향을 보인다. 이 딸은 엄마 앞에서는 절대로 진심을 털어놓지 않을 것이라 확신했다.

"음… 그러니까…. 그냥저냥 지내고 있어요."

"집에 있을 때는 무엇을 할 때 가장 즐거운가요?"

"…저는 책을 좋아해서 책 읽을 때가 가장 즐거워요."

"어떤 책을 좋아하나요?"

"아, 굳이 꼽자면 소설을 많이 읽는 편이에요. ○○라든가 ○○의 작품을 좋아해서 자주 읽어요."

나는 혜승 양이 얘기한 작가를 몰랐지만 젊은 여성에게 인기가 있는 작가인 듯했다. 조금 망설이는 기색이 있지만 내 질문에 정확하게 대답하려고 노력하는 느낌이 들었다. 하지만 말투가 어른스러워 전혀 여고생답지 않았다.

혜승 양은 어릴 때부터 엄마에게 '제대로 된 말투'를 교육받았을 것이다. 완벽하고 모범생 같은 말투였지만 그녀의 파리하고 생기 없는 얼굴이 궁지에 몰려 있는 자신을 구해달라고 말하는 듯했다.

： 엄마라는 이름으로 딸을 구속하다

내가 혜승 양을 만난 것은 이날이 처음이었지만 어머니와는 몇 차례 상담을 진행한 후였다. 최근 자녀가 학교에 가지 않아 고민이라는 부모의 상담이 많은데 이 어머니도 그중 하나였다.

그녀의 말에 따르면 혜승 양은 중학교까지는 공부를 열심히 해 성적도 좋았고 말을 잘 듣는 착한 아이였다고 한다. 그런데 고등학생이 되면서부터 점점 반항을 하고 성적도 떨어지기 시작했다. 반항이라고는 해도 공격적인 태도를 취하는 것이 아니라 시키는 대로 하지 않거나 사준 옷을 입지 않는 등의 소극적인 반항이었다.

엄마의 잔소리가 늘어가는 사이에 딸은 점점 기력을 잃고 입을 다물게 되었으며 급기야 학교에도 가지 않게 되었다.

몇 차례의 상담을 통해 알게 된 것은 이 어머니가 명문 여대를 나와 일류기업에 취직하여 경력을 쌓아온 인재라는 것이다. 무엇이든 스스로 판단하고 추진해 가는 강한 성격이 똑 부러지는 화법을 통해 드러났다.

그녀는 20대 중반에 고액 연봉을 받는 엘리트 남성과 결혼했지만 딸이 태어나고 3년도 지나지 않아 이혼했다. 그 후 혜승 양을 맡아 여자 혼자의 힘으로 누구에게도 부끄럽지 않은 딸로 키워왔다.

이 어머니는 결혼에 큰 기대가 없었다고 한다. 전남편은 유능했지만 일밖에 모르는 사람이었고 결혼을 자신의 경력에 도움이 되는 정도로 여겼다고 한다. 하지만 그녀도 전남편과 비슷한 생각을 하고 있었다. 우수한 아이를 만들기 위한 우수한 남성, 즉 우수한 DNA를 고른 것이다. 서로 계산적인 결혼이었던 셈이다.

자연히 부부관계는 얼마 가지 못해 파탄에 이르렀고 남편이 바람을 피우는 기미가 보이자 엄마가 딸의 친권을 갖고 이혼했다. 그 후 한 번도 남편에게 딸을 보여주지 않았다. '나 혼자 딸을 훌륭하게 키워내겠다'며 유복한 친정의 도움을 받아 일을 하면서 육아에 힘써왔다.

이 어머니는 능력이 뛰어났기에 직장을 그만두고 자신의 회사를 세웠다. 타고난 결단력과 긍정적인 사고를 발휘하며 회사를 2년 만에 궤도에 올렸다.

앞으로는 영어가 필수라며 딸의 조기교육에 열을 올렸고 졸업 후 바로 유학을 갈 수 있도록 영어에 강한 사립 고등학교에 보냈다. 혜승 양은 어릴 때부터 '공부'로 단련된 엄마의 자랑스러운 딸이었다.

모자가정(아버지 없이 어머니와 자식만으로 이루어진 가정)에서 자주 나타나는 현상 중 하나는 모녀관계가 무척 긴밀하다는 것이다. 둘 사이에 아버지라는 완충지대가 존재하지 않기에 그런 것이리라. 어디에 내놔도 부끄럽지 않은 훌륭한 딸로 키우고 싶다는 이 어머니의 바람에는 무의식적으로 '딸을 나처럼 만들고 싶다' 혹은 '나와 같은 실패는 경험하지 않게 하겠다'는 생각이 작용한 듯했다.

그래서 이 어머니는 어릴 때부터 '이게 좋은 거야', '이렇게 해야 돼' 하면서 자신의 가치판단과 기준을 강요해왔다. 혜승 양의 말에 따르면 "우리 딸, 대단하네. 역시 너는 내 딸이야" 하며 자신을 칭찬했다고 한다. 일반적으로 엄마가 칭찬을 해주면 딸은 기쁜 마음에 무엇이든 엄마가 하는 말에 따른다. 그리고 어떻게 하면 엄마가 기뻐하는지 학습하기 때문에 늘 엄마의 눈치를 보게 된다.

물론 부모라면 누구나 자신의 기준으로 아이를 키우기 때문에 이 어머니만 극단적이라고 할 수는 없다. 부모는 아이가 잘 되기를 바라는 마음에서 자신이 옳다고 믿는 사고 방식을 아이에게 전한다. 그러므로 자녀가 부모를 닮아가는 것은 당연하다.

그러나 이 모녀의 경우는 '나와 똑같은 딸로 만들고 싶다'는 욕구가 너무 크다는 점, 그리고 딸도 그에 부응할 만큼의 능력이 있다는 점이 딸을 지나치게 몰아붙이는 원인이 되었다.

엄마의 욕구가 강하더라도 아버지가 말리거나 혹은 아이가 자아를 주장하면 엄마도 변할 가능성이 크다. 그러나 이 모녀의 경우에는 모자가정의 친밀함이 더해져 그것이 어려웠던 것이다.

혜승 양이 학교에 가지 않게 된 것은 늦게나마 엄마에게 저항을 시작한 것으로 볼 수 있다. 그러나 한편으로 그녀는 저항해서는 안 된다는 죄책감도 느끼고 있었다. 게다가 저항은 했지만 막상 그 뒤에 어떻게 행동해야 하는지 모른다. 혜승 양은 그 갈등으로 인해 심신의 균형이 무너진 상태였다.

우선은 자신과 똑같은 사람으로 만들려는 것이 얼마나 딸에게 부담을 주는 일인지 어머니 스스로 깨달아야 한다. 그러나 그녀는 완고해서 그 사실을 좀처럼 받아들이지 않았다.

: 우리 애는 다르다는 착각

"아이가 부모의 말을 듣지 않게 되는 것은 어떤 가정이라도 일어나는 일입니다. 아이들이 중학교에 들어갈 무렵부터 그렇게 되는 경우가 많아요."

내가 그렇게 말하자 이 어머니는 우리 애는 다르다며 단호하게 말했다. 그 말투에는 '우리 아이를 다른 평범한 아이들과 같은 취급하지 말아 달라. 우리 애는 특별하다'라는 강한 자부심이 느껴졌다.

그녀는 정색하며 자신이 얼마나 고생하며 딸을 키웠는지 설명하기 시작했다.

"부모가 확실한 방침을 가지고 아이를 키워야 한다고 생각해요. 자신에게 어떤 재능이 있는지, 그걸 어떻게 살리는 게 좋을지 그건 아이 스스로 판단할 수 없잖아요? 그러니 어릴 때부터 부모가 찾아줘야죠. 저도 그렇게 자랐고 그것이 최선의 방법이라고 생각해요. 그러니 저는 아이가 좋아하든 싫어하든 어릴 때부터 이것저것 배우게 했어요. 영어는 물론, 피아노랑 발레도 시켰고 초등학교 때는 친구가 많은 게 좋을 것 같아서 합창단에도 넣었고요. 저도 피아노랑 발레를 어릴 때부터 해왔는데 특히 발레를 하면 여성스러워지고 몸매도 예뻐지니까요. 저는 어릴 때 배워둬서 정말 다행이라고 생각해요. 어릴 때는 하기 싫었는데 어른이 되니까 그때 배워둔 게 정말 다행이라고 생각하는 게 많지 않나요? 그것이 아이가 자립해나갈 때 큰 힘이 된다고 봐요. 부모의 역할이란 바로 이런 게 아닐까요? 혹시 제 생각이 틀렸나요?"

서로를 사랑하지 못하는 엄마와 딸

그녀는 일단 말솜씨가 무척 좋은 데다 거침없이 말하는 스타일이다. 어릴 때부터 혜승 양은 엄마의 이런 파상공격을 받으며 어떤 의미에서는 계속 세뇌 당해온 것이다.

문제가 있는 엄마는 변명을 많이 하고 자신을 정당화하려는 경향이 강하다. 이 어머니도 내 질문이나 지적에 말꼬리를 잡고 늘어지곤 했다.

나에게 말하듯이 아직 판단이 미숙한 아이에게 자신이 옳다고 믿는 온갖 가치관을 억지로 강요하며 조금이라도 딸의 반응이 마음에 들지 않으면 "엄마 말이 틀렸니?" 하며 다그쳐왔을 것이다.

그러나 인간에게는 인생을 스스로 살아가고자 하는 자아가 있다. 자아가 싹트기 시작하면서 엄마의 일방적인 교육이나 훈계가 딸에게는 견딜 수 없을 만큼 부담스러웠을 것이다.

그런 변화가 당연한 것인데 혜승 양 본인은 그것을 자연스럽게 받아들이지 못한다. 나는 엄마의 복제품이 아니라는 반항심과 엄마의 기대에 부응하여 사랑받고 싶은 마음이 충돌하여 그녀를 좌절하게 하는 것이다. 엄마의 복제품이 되고 싶지 않다는 마음은 무척 자연스러운 것이다. 이것을 이해하고 마음의 균형을 되찾아가는 것이 지금 그녀에게 가장 필요한 것이다.

: 자신의 마음에 귀를 기울이다

그 후, 혜승 양이 혼자서 상담을 받으러 왔다. 청바지에 티셔츠를 입은 캐주얼한 차림의 그녀는 이전에 엄마와 함께 왔을 때와는 인상이 완전히 달라 보였다. 엄마 취향에 맞는 우아한 아가씨 같은 인상이 아니라 그 나이 또래의 밝은 여자아이 느낌이었다. 분명 본인도 이런 스타일을 더 선호할 것이다.

"이런 옷도 입는군요. 이게 더 잘 어울리는 것 같은데요?"

"집에서는 이렇게 입어요. 엄마는 그 꼴이 뭐냐고 하지만요."

혜승 양은 조금 멋쩍은 듯 웃었다.

"옷은 항상 엄마가 사주나요?"

"네. 겉옷, 속옷 할 것 없이 입는 건 죄다 엄마가 사왔어요. 초등학생 때까지는 군말없이 입었는데 중학생이 된 후에도 엄마가 사온 걸 입으라고 하는 거예요. 같이 쇼핑을 가서도 그건 너한테 안 어울린다면서 제가 고른 건 안 사줘요. 요즘 엄마가 사온 것을 입네 마네 하는 걸로 싸우는 일이 많아요."

이것은 어머니에게도 들은 얘기였다.

"딸아이가 제가 사온 옷은 안 입어요. 이것저것 많이 사와도 꺼내보지도 않고 구석에 처박아둔다니까요."

이렇게 그녀는 불만을 토로했었다.

중학생 정도 되면 여자아이는 멋을 부리고 싶어 한다. 그것을 모두 엄마가 관리하려 드니 딸이 반감을 갖는 것도 당연하다. 옷뿐 아니라 인테리어 소품, 생활용품에 이르기까지 혜승 양의 의사를 묻지도 않고 '이게 예뻐', '이게 좋겠다' 하면서 엄마가 골라왔다고 한다.

"그럼 꽤 스트레스 받겠네요. 아무래도 세대가 다르니까 엄마가 사온 옷은 젊은 사람이 입고 싶은 옷이랑은 좀 다르죠?"

"그렇죠. 저도 제 옷은 제가 사고 싶어요."

학교에 가지 않는 것에 대해서는 혜승 양 자신도 마음이 정리되지 않은 상태였다.

"학교는 왜 안 가는 건가요?"

그렇게 물으니 혜승 양이 골똘히 생각하다가 이렇게 대답했다.

"왠지 무서워서요. 학교에 가는 도중에 갑자기 무서워져서 다시 집으로 돌아가게 돼요."

학교에 가지 않는 아이를 살펴보면 가정에 문제가 있는 경우가 많다. 학교에서 힘들어하는 아이를 가정에서도 제대로 보살펴주지 못하는 것이다. 학교가 아니라 어머니와의 관계가 문제라고 핵심을 찌르는 것은 조금 이른 감이 있었지만 "혜승 양이 느끼는 두려움은 학교와는 상관없는 것 같은데요" 하고 말해보았다.

"그럼 이유가 뭘까요?" 하고 그녀는 곧바로 질문했다.

"뭐든지 엄마 말대로 하는 것이 무서운 것 아닐까요? 아마도 그 두려움 때문에 학교에 가지 못하는 거라고 생각해요. 학교에는 여러 가지 규칙들이 있잖아요. 학생들은 그것을 따라야 하고요. 엄마가 시키는 대로 하고 싶지 않다는 거부감이 학교에서 규칙을 따르거나 선생님의 말을 듣는 것과 이어져서 두렵다고 느껴지는 건 아닐까요?"

그렇게 설명하자 혜승 양은 고개를 끄덕이며 "그럴지도 모르겠네요. 누군가의 꼭두각시가 되는 게 두려웠을 수도 있겠네요" 하며 진지한 표정으로 내 의견에 동의했다. 사람은 두려움의 원인을 알면 그것을 극복할 수 있다.

"엄마가 시키는 대로 할 필요는 없어요. 좋아하는 옷이 있으면 입고 싶다고 주장해도 돼요. 그건 조금도 잘못된 것이 아니고 오히려 혜승 양이 성장하고 있다는 증거니까요."

혜승 양의 죄책감을 없애기 위해 그렇게 말하니 그녀는 조금 생각하다가 이렇게 말했다.

"엄마도 늘 자기주장을 할 수 있는 여성이 되어야 한다고 했어요. 학교에서는 제 의견을 확실히 주장했고요."

그 말을 듣고 혜승 양은 지금 발버둥 치며 전진하고는 있지만 아직도 엄마의 손아귀에서 벗어나지 못하고 있다는 느낌이 들었

다. '자기주장'을 하라는 엄마의 명령에 따르는 것과 진정한 '자기
주장'을 혼동하는 듯했다. 자신 안에서 울려 퍼지는 진정한 목소
리를 듣지 못하는 것이다.

"자기주장은 엄마가 시켜서 하는 것이 아니라 혜승 양 스스로
결정해서 하는 거예요. 나는 무엇을 좋아하는가, 무엇을 하고 싶
은가, 그렇게 자신의 마음에 귀를 기울이면 다양한 목소리가 들리
지 않을까요?"

자신의 마음의 목소리를 확인이라도 하듯 그녀는 천천히 고개
를 끄덕였다.

: 품에서 아이가 떠나는 게 두렵다

학교에 가지 못하는 심적 부담을 조금이라도 덜기 위해서는 엄
마가 변해야 했다.

나는 "어머님 덕분에 따님이 무척 훌륭하고 멋진 여성으로 자
랐다고 생각해요" 하고 엄마의 교육 방침을 긍정하면서 딸을 자
유롭게 놔주고 마음에 들지 않더라도 묵묵히 지켜봐주는 건 어떠
냐고 부드럽게 제안했다.

처음에는 그런 나의 제안에 "그 말씀은 제 교육방식이 틀렸다
는 뜻인가요?" 하며 거친 반응을 보였다. 이어서 "타인에게는 관

대하게, 자신에게는 엄격하게 행동하라고 계속 가르쳐 왔어요. 딸도 그걸 잘 알고 있을 거예요"하며 자신은 제대로 엄마 역할을 했다고 주장했다.

엄마 입장에서는 여자 혼자 힘으로 딸을 고생하며 키워왔는데, 그것을 부정당하는 느낌이 들었을 것이다. 필사적으로 자신을 정당화하려 했지만 막상 현실에서는 제대로 키웠다고 생각한 자랑스러운 딸이 학교에도 가지 못하고 괴로워하고 있다. 예전처럼 사이좋은 일란성 쌍둥이 같은 모녀로는 돌아가지 못할지도 모른다는 사실을 예감하고 있었을 것이다.

딸에게는 딸의 인생이 있기에 엄마가 아무리 품 안에 두고 싶어도 언젠가는 떠나보내야 할 때가 온다. 그리고 지금이 그 때라는 것을 조심스럽게 전했다.

"이대로 어머님이 따님을 자신의 복제품으로 만들어 버리면, 따님은 어머님의 지시 없이는 아무것도 할 수 없는 인간이 될지도 모릅니다"하고 조금 강하게 말하기도 했다.

"그건 알고 있지만 딸아이가 저를 떠나버리면 어쩌나 하고 이따금 불안해져요."

아마도 그것이 이 어머니의 솔직한 마음일 것이다. 딸이 엄마 품을 떠나는 것에 갈등을 느낀 것처럼 엄마 또한 딸과 떨어지는 것에 두려움을 느꼈던 것이다.

이 어머니가 자신의 진정한 마음을 깨달을 수 있었던 것은 상담의 성과였다고 생각한다.

: 자아를 찾기 위한 날갯짓

상담을 거듭하면서 어머니는 자신이 지나치게 엄격했던 것인지 고민하기 시작했다. 원래 머리가 좋고 총명한 여성이라 나와 이야기하는 동안 자신이 무엇을 해야 하는지를 깨달은 눈치였다. 딸에게 이것저것 강요하는 태도는 꽤 줄어든 듯했다.

"엄마 잔소리가 많이 줄었어요. 이따금 기분 나쁘다는 듯이 '내 잘못이라는 거잖아. 알았어, 내가 바뀌면 되잖아' 하면서 비아냥거리기는 하지만요" 하고 어머니의 변화에 대해 혜승 양이 말해주기도 했다. 그 정도의 잔소리에는 딸도 더는 동요하지 않게 되었다. 희미하긴 하지만 오랫동안 잃어버렸던 자기 자신이라는 윤곽이 보이기 시작한 것이다. 혜승 양은 다시 학교에 나갔고 무사히 진급했다.

마지막 상담일. 인사하러 온 어머니에게 나는 딸의 안부를 물었다.

"따님 분위기가 완전히 바뀌었던데요? 머리를 짧게 자르고 학교에서는 테니스부 활동을 시작했다면서요. 즐거워 보여서 다행이에요."

"네. 요즘에는 자기 하고 싶은 대로 하는 게 좋아서 어쩔 줄 모르는 것 같아요. 저를 전혀 상대해주지도 않는다니까요."

그거야말로 좋은 방향으로 가는 과정이라는 생각이 들어 "어머님은 딸의 그런 변화가 싫으신가요?" 하고 물어보았다.

"솔직히 왠지 실망했다고 해야 하나, 쓸쓸하다고 해야 하나, 아쉽다고 해야 하나… 뭔지 모르겠어요. 버려진 기분일까요? 하지만 즐거워 보이는 딸아이를 보면 이건 이대로 좋지 않을까 하는 생각도 들어요."

조금 쓸쓸한 듯 어머니는 내게 말했다.

"부모 품을 떠나고, 자식을 떠나보내는 건 다 그렇게 쓸쓸한 거랍니다. 그래도 어머님이 가르쳐준 것은 따님이 앞으로 살아가는 데 도움이 될 거예요. 혜승 양은 언젠가 어머님이 의지할 수 있는 사람이 되어 돌아올 겁니다."

그렇게 말하자 그녀의 얼굴이 환해지며 "딸을 지켜준다고 생각했는데 실은 제가 딸에게 기대고 있었다는 걸 확실히 깨달았지 뭐예요" 하며 웃었다.

엄마의 지나친 딸에 대한 의존이 다양한 형태로 딸들을 괴롭히고 있다. 딸에 대한 의존은 혜승 양의 어머니처럼 딸을 자기 마음 대로 조종하려는 지배욕으로 드러나는 일이 많다.

그런 엄마들과 상담을 할 때마다 그 속박을 푸는 것이 얼마나 어려운지를 통감한다.

공주를 위해 모든 것을
헌신하다

딸을 지극정성으로 키우는 엄마들이 많다. 본인은 누더기를
입을지언정 딸에게는 최고의 옷을 입히고, 해달라는 것은 무
엇이든 다 해주는 엄마들 말이다. 딸은 공주님으로 자라 혼
자 할 수 있는 것은 아무것도 없다. 딸이 제 일을 알아서 하
게 되면 더 이상 자신을 찾지 않을 것 같아 엄마는 무섭다고
한다. 딸이 제 품에서 떠나는 것이 두려운 것이다.

엄마 : 50대, 딸 : 정현지(가명), 대학생

: 아무에게도 딸을 빼앗기고 싶지 않다

한 50대 여성이 대학생인 큰딸 문제로 상담을 신청해 왔다. 학
교를 그만두겠다고 하며 집에 틀어박혀 밖에 나갈 생각을 안 한
다는 것이다. 딸이 워낙 기분파인지라 언제나 쉽게 질리는 편이었
기 때문에 엄마는 딸의 눈치를 보며 기다렸다. 그러나 이번만큼은
금새 마음을 돌리지 않았다. 심지어 죽고 싶다는 말을 꺼내자 엄
마는 놀라서 딸이 다니는 대학 교수에게 상담하러 갔다. 그곳에
서 심리상담을 받아 보는 것이 어떻겠냐고 제안하며 나를 소개한
것이다.

처음에는 어머니 혼자 상담을 받으러 왔다. 그래서 먼저 어머니에게 현재 현지 씨의 상태를 듣고, 그녀에 대해 이것저것 물어보았다. 그런데 이상한 건 내가 아무리 부탁해도 딸과 나를 만나게 해주지 않는다는 것이었다.

"우리 애가 몸이 안 좋아서요."

"딸애가 별로 오고 싶어하지 않네요."

이런 이유를 대면서 딸을 데려오지 않았다. 물론 이 일을 하다 보면 실제로 딸이 상담을 원하지 않는 경우도 많고, 엄마가 순순히 딸을 데리고 오는 경우도 적다. 하지만 이렇게까지 심하게 꺼리는 경우는 드물다.

대신 어머니는 일주일에 한 번, 약속 시간에 딱 맞춰서 상담실을 찾아와 딸의 상태를 전하고는 어떻게 하면 좋겠느냐며 불안한 듯 물었다.

딸이 걱정돼서 아무것도 손에 잡히지 않는다며 어찌할 바를 몰라 하면서도, 현지 씨를 데려오라고 말하면 태도를 싹 바꾸며 거절했다. 이곳에 딸을 데려오면 자신과의 관계가 무너지지는 않을까, 혹은 딸을 빼앗기는 것은 아닐까 하는 비현실적인 불안을 느끼는 듯 보였다.

이 어머니는 내가 하는 질문에 무척 성실히 대답해주는 등 상담에 적극적으로 임했다. 딸을 데려오는 일만 빼고 말이다.

⠿ 해달라는 건 뭐든 해줬는데

"제가 너무 오냐오냐 키웠나 봐요…."

내가 무슨 질문을 하면 그녀는 꼭 그 말을 입버릇처럼 읊조린 후에 현지 씨에 대한 이야기를 꺼냈다. 이 어머니는 큰딸인 현지 씨를 매우 예뻐하고 뭐든 해달란 대로 해주었다. 현지 씨에게는 세 살 아래의 여동생이 있지만 유독 큰딸만 오냐오냐하며 키운 듯했다.

아이는 분별없이 갖고 싶은 것을 사달라며 떼를 쓰기 마련이다. 이 어머니는 딸이 이것이 갖고 싶다고 하면 이것을 사주고, 또 다른 것이 갖고 싶다고 졸라대면 아낌없이 사주었다고 한다. 경제적으로 여유로운 이유도 있었겠지만 그녀의 성격상 자기는 누더기를 입어도 딸이 사달라면 아무리 비싼 옷이라도 사줬을 것이다.

상담을 시작한 지 반년이 넘어가는데도 이 어머니는 도저히 딸을 데려오려고 하지 않았다. 하지만 당사자의 얘기를 직접 들어봐야 문제를 해결할 수 있는 법. 그래서 나는 약간 강하게 나가기로 했다.

"이대로 따님을 은둔형 외톨이로 내버려둔다면 상태가 점점 나빠져서 회복하기 어려울지도 모릅니다. 어머님도 따님이 예전으로 돌아오길 바라시잖아요."

이렇게 설득하자 그녀는 그제야 받아들이는 듯했다.

현지 씨와의 상담이 겨우 이루어졌을 때 나는 복장을 통해 딸과 엄마의 약간 비정상적인 관계를 파악할 수 있었다. 낡고 오래된 수수한 옷차림의 엄마와는 달리 딸은 고급스러운 옷차림에 고급 가죽으로 만든 부츠를 신고 있었다. 그렇게까지 엄마가 딸을 위해 좋은 옷과 신발을 사주었는데 정작 딸은 옷과 신발에 전혀 관심이 없어 보였다. 눈동자는 멍했고 얼굴에는 생기가 없었다. 현지 씨에게 20대의 젊음과 발랄함은 전혀 느껴지지 않았다.

엄마가 딸에게 준 것은 옷뿐만이 아니었다. 딸이 하고 싶어하면 피아노든 발레든 영어회화든 무엇이든지 배울 수 있게 해주었다. 현지 씨는 몸을 움직이는 것을 좋아해서 중학교에 들어가자 엄마가 조금씩 하던 테니스와 골프를 배우고 싶다고 했다. 엄마는 망설임 없이 딸에게 테니스와 골프를 시켜주었다.

하지만 현지 씨는 기본적으로 무엇을 해도 오래가지 못했다. 본인이 먼저 하고 싶다고 말해놓고 수업에 두세 번 얼굴만 비치고는 나가지 않을 때가 많았다. 어찌 보면 그것은 당연한 결과다. 모든 일이 자기 뜻대로 된다는 것은 무언가를 달성하기 위해 애쓰거나 노력한 적이 없다는 뜻이다. 그러므로 끈기나 의욕이 지속될 리가 없었다.

무엇이든 엄마가 알아서 해결해주는 삶을 살았으니, 이 딸은 어릴 때부터 노력해서 무언가를 달성하는 기쁨과는 무관한 삶을 살지 않았을까? 어머니가 헌신할수록 점점 삶의 의욕을 잃어갔을 현지 씨가 떠올랐다.

물론, 이 어머니는 그것을 전혀 의식하지 못하고 있다.

"태어나는 순간부터 딸아이가 정말 정말 예뻤어요. 내가 해준 간식을 맛있게 먹거나 선물을 받고 기뻐하는 모습을 보는 게 어찌나 행복하던지. 그럴 때 사는 보람을 느꼈죠."

어머니는 눈물까지 글썽이며 말했다.

"아버님은 따님을 어떻게 대하시나요?"

그렇게 묻자 그녀는 약간 굳은 표정으로 "애 아빠 도움은 필요 없어요" 하고 딱 잘라 말했다. 마치 자신의 행복을 남편에게 양보할 수 없다고 말하는 듯했다.

시부모나 친정 부모가 집에 와도 손녀를 예뻐할 기회조차 주지 않았다. 큰딸에 관한 것이라면 무엇이든 자기 손을 거쳐야 직성이 풀렸다고 하니 얼마나 딸을 사랑했는지 알 수 있었다. 현지 씨는 태어날 때부터 엄마가 독점한 상태였다. 딸이 조금이라도 엄마 이외의 사람을 따르면 엄청난 불안을 느꼈다.

'엄마가 애정을 쏟는 사람은 너뿐이야. 그러니 너도 엄마 말고 다른 사람에게 기대면 안 돼'라는 메시지를 딸이 젖먹이 때부터 주입해온 것이다.

: 영원히 어른이 될 수 없는 딸

무슨 질문이든 딸 대신 대답해버리는 통에 어머니를 다른 방에서 기다리게 하고 현지 씨와 일대일 면담을 진행했다.

그녀는 고급스럽고 세련된 옷을 입고 있는데도 생기가 전혀 느껴지지 않았다. 대화를 나눠보니 더욱 확실히 전해졌다.

내가 무슨 질문을 해도 주저하거나 "아… 그게…"와 같은 반응뿐이었다. 급기야는 그런 자신에게 울화가 치밀었는지 울먹이기까지 했다.

"뭘 해도 자신이 없어요. 어떻게 해야 할지도 모르겠고…."

현지 씨의 상태는 예상한 대로였다. 어릴 때부터 엄마가 지극정성으로 무엇이든 알아서 해주니 스스로 노력하거나 생각할 필요가 없었다. 그저 이거 하고 싶어, 저거 갖고 싶어 하며 공주님처럼 자기가 원하는 것을 말하기만 했다.

이렇게 무슨 일이든 엄마가 다 해주다보니 현지 씨는 점점 생각하지 않게 되었다. 평소에 사용하지 않으면 당연히 그 능력은 약해진다.

'생각하는 힘'뿐만이 아니다. 내가 정말 무엇을 좋아하는지, 무엇에 끌리는지 '느끼는 힘'도 점점 희미해진다. 불안감이나 초조함은 커져 가는데 그 기분에 억눌릴 뿐 그것을 어떻게든 타개하려는 생명력 자체가 매우 약해진 것이다.

심각한 예로 현지 씨는 쌀을 물로 씻는다는 사실조차 모르고 있었다. 전부 엄마가 해주었으니 어쩔 수 없었다고는 하지만 요리는커녕 청소도 빨래도 자기 손으로 해본 적이 없어 그녀의 생활력은 놀랄 만큼 낮았다.

고등학생 정도 되면 손재주가 뛰어나서 소품을 직접 만드는 아이, 센스 있게 꾸미고 다니는 아이가 있기 마련이다. 그런 와중에 아무것도 하지 못하는 현지 씨가 자신감을 잃어가는 것이 눈에 선했다.

앞서 소개한 엄마의 복제품이 되어버린 딸의 경우 엄마의 꼭두각시가 되는 것이 무섭다는 자각증상이라도 있었지만 현지 씨는 그런 것을 느끼지조차 못하는 심각한 상황이었다.

하지만 지금부터라도 고쳐 가면 된다. 시간은 걸리겠지만 엄마의 도움 없이 작은 것부터 스스로 해보게 하고 그것을 해내면 칭찬해주기로 했다. 자신감이 없는 사람에게 자신감을 부여하는 방법은 "잘했어. 정말 대단해!" 하고 계속 칭찬해주는 것이다. 그것이 그들의 마음속에 자신감을 싹틔우는 계기가 된다.

몇 차례 상담을 한 후였다. 사소한 것이라도 좋으니 매일 새로운 것을 하나씩 해보고 느낀 것을 일기로 써보라고 했다.

상담을 받을 때마다 현지 씨는 수줍은 듯 나에게 일기를 보여주었다.

'설거지를 했다', '이불을 깔았다', '문단속을 했다' 등 그녀는 지금까지 스스로 해본 적이 없는 것을 해보고 일일이 기록한 뒤 간단한 소감을 적었다.

처음에는 '힘들다', '귀찮다', '어렵다'와 같은 짧은 소감이 적혀 있었지만 점점 '수건이 보송보송하게 세탁되어 기분이 좋았다'처럼 감정표현도 하게 되었다.

"우와, 혼자서 핫케이크를 만들었군요. 굉장해요. 다음엔 저도 만들어주세요."

처음에는 핫케이크를 태우기 일쑤였는데 결국은 잘 구워졌다는 기록을 보고 내가 눈이 휘둥그레져 칭찬하니 현지 씨는 약간 자랑스러운 듯 웃으며 고개를 끄덕였다.

그녀에게 그런 미소가 흘러나오기까지 처음 상담한 날로부터 1년 가까운 시간이 걸렸다.

: 나를 더 이상 찾지 않을까 봐 두렵다

어머니에게는 현지 씨가 자립할 수 있도록 자기 일은 스스로 하게 두고 가능한 한 참견하지 말 것을 주문했다.

물론, 행동뿐 아니라 어머니 스스로 의식을 바꿔나가야 한다. 상담에는 '리프레이밍(Re-framing)'이라는 전문용어가 있다. 이는 '틀을 바꾸다', '의식을 바꾸다'라는 의미로 나는 어머니가 딸에 대한 인식을 바꾸도록 대화를 이끌었다. 이때 중요한 것은 그동안 그녀가 해왔던 것을 부정하지 않는 것이다.

"너무 오냐오냐하며 키웠다는 말씀을 자주 하시는데 어머님은 정말 따님을 잘 키워내셨어요. 그만큼 따님을 사랑하시는 거겠죠. 어머님의 사랑 속에서 자라난 따님도 무척 행복했을 겁니다. 하지만 지금은 좀 지쳐 있죠. 아무것도 할 수 없는 자신이 불안하고 그런 자신에게 실망한 거예요. 따님을 보는 어머님도 참 힘들 테지요."

그런 식으로 계속 말을 했더니 '내가 너무 오냐오냐 키워서' 밖에는 얘기하지 않았던 그녀가 "제가 너무 많은 것을 해주는 바람에 딸아이가 혼자서는 아무 것도 못하는 사람이 되어버린 것 같네요. 제가 잘못한 거겠죠?" 하고 자신을 객관적으로 평가하는 말을 하기 시작했다.

"부모라면 누구나 겪는 일이지만, 따님이 홀로 서게 되었을 때 어머님은 어떤 기분이 들었나요?"

그렇게 물으니 그녀는 얕은 한숨을 쉬며 속마음을 털어놓기 시작했다.

"딸이 제 품에서 떠나는 게 무서웠어요. 딸이 무엇이든 혼자서 할 수 있게 되면 내가 필요 없어지니까요. 딸이 엄마는 이제 필요 없다고 생각할까 봐…. 그래서 딸을 아무것도 하지 못하는 사람으로 키워버렸어요. 그 아이에게 정말 못할 짓을 했네요."

1년 이상 상담을 계속하는 동안 직시하기를 완강히 거부해왔던, 마음 깊숙이 숨어 있는 고민을 그제야 솔직하게 바라볼 용기가 생긴 듯했다.

"어머님만 그런 게 아니에요. 아이가 성장해가는 게 기쁘기도 하지만, 부모로서는 자기 품에서 멀어져가는 것 같아 서운한 법이죠. 어머님은 그 불안이 남들에 비해 조금 심했던 거구요."

되도록 엄마가 죄책감을 느끼지 않도록 조심스럽게 말하자 부모에게 보살핌을 받지 못했던 자신의 어린 시절을 털어놓기 시작했다. 형제 많은 집의 셋째로 태어나 가게 일로 바빴던 어머니에게 사랑받지 못해 늘 외로웠다고 했다.

"언제나 사랑을 찾아다니는 듯한 그리운 기분이 들어 무척 외로웠어요."

어머니에게 응석을 부려도 할 일이 많다며 금세 어디론가 가버렸다. 어릴 때는 엄마의 사랑을 독차지하면 얼마나 좋을까 하고 매일같이 생각했다.

"그래서 딸아이가 태어났을 때 정말 기뻤어요. 하지만 어떻게 키워야 할지 몰라서 늘 불안했죠."

그녀는 자신의 어머니에게는 응석을 부릴 수 없었다고 말했다. 엄마에게 사랑받는다는 느낌을 받아본 적이 없으니 '엄마 역할'을 어떻게 해야 하는지 알 수 없었다.

원숭이 실험에 의하면 움직이는 인형을 엄마라고 여기며 자란 원숭이는 나중에 엄마가 되었을 때 새끼를 키우지 못했다. 하지만 두 번째부터는 잘 키우게 된다. 첫 번째 새끼 때 육아를 학습했기 때문이다.

1950년대에 미국에서 수백 명의 엄마와 아이를 대상으로 다음과 같은 실험을 했다. 아이가 울 때 곧바로 달려가는 엄마와 아이가 울어도 그냥 보고만 있는 엄마를 추적 조사하여 비교하는 실험이었다. 실험 결과 아이가 울면 곧바로 달려가는 엄마의 아이는 성인이 되어 엇나가는 일이 드물었고 취직률이 높고 이혼율은 낮았다고 한다.

서로를 사랑하지 못하는 엄마와 딸

아이를 사랑한다는 생각만으로는 부모의 사랑이 아이에게 전해지지 않는다. 부모의 상황에 따라 아이의 응석을 받아주었다가 받아주지 않았다가 해서는 안 된다. 아이가 응석을 부리면 아주 조금이라도 좋으니 상황에 개의치 말고 어떤 식으로든 반응해주어야 한다. 아이란 그 '작은 행동'에 구원받는 존재다.

"내 딸만큼은 외롭게 만들고 싶지 않았어요. 하지만 사실은 제가 외롭기 싫어서 그 아이의 손과 발을 묶어버린 거겠죠. 제 모든 것을 다 바쳐서 헌신하고 보살피면서요…."

어머니의 고백을 듣고 나는 이 모녀의 상담이 끝나는 날이 가까워졌음을 직감했다. 좌절하면서도 심하게 동요하지 않고 그녀는 자신의 마음속에 숨어 있는 감정을 차분하게 바라볼 수 있게 되었다.

: 평생 친구로 다시 태어나다

지금까지 딸만 바라보며 헌신해온 엄마가 갑자기 딸을 돌보지 않게 되면서 처음에는 엄마와 딸 모두가 상당한 스트레스를 느낀 모양이었다.

딸 입장에서는 갑자기 한겨울 추위에 홀로 내던져진 기분일 테니 불안이 엄습하는 것은 당연하다. 누군가에게 매달리고 싶은 외로움을 어떻게 받아들여야 할지 모른 채 일시적으로 불안정한 상태가 된 적도 있다. 엄마는 엄마대로 도와주고 싶은 것을 참느라 상당히 괴로웠을 것이다. 서로 어떻게 거리를 두면 좋을지 몰라 안절부절 못하는 시간이 얼마동안 이어졌다.

엄마가 자신의 문제점을 직시하게 되었다 해도 딸이 자신의 품에서 멀어져간다는 불안과 공포가 사라진 것은 아니다.

"여행도 따님 혼자 가게 해 주세요" 하며 현지 씨가 자립성과 자주성을 키울 수 있도록 제안하자 그건 안 된다며 거부하는 일도 있었다. 하지만 지금의 현지 씨에게 가장 필요한 것은 자신의 손으로, 자신의 마음이 시키는 대로 하는 '발달과제 연습'이다. 이 시련을 이겨내 자신을 옥죄어온 의존성을 지워야 한다. 그것을 해내지 못한다면 '엄마가 없으면 아무것도 할 수 없는 아이'인 채로 자유롭지 못한 삶을 살아갈 것이다.

엄마가 딸과 좋은 관계를 맺기 위해 노력할 때 나는 이렇게 설득한다.

"엄마와 딸은 평생 친구예요. 당장은 힘들더라도 조금만 참아보세요. 그러면 따님도 건강해져서 가장 신뢰할 수 있는 모녀지간이 될 테니까요."

그러면 엄마들도 안심한 얼굴로 희망을 품는다. 현지 씨의 어머니 또한 부드럽고 온화한 표정으로 이렇게 말했다.

"그러네요. 누가 뭐래도 딸아이와는 평생 친구겠네요."

현지 씨의 일기장에 혼자 여행을 떠났다는 이야기는 아직 나오지 않았지만, 그날이 머지않았다고 나는 확신했다.

엄마 같은 딸, 딸 같은 엄마

공주처럼 자란 엄마들은 딸을 몸종으로 생각하는 경향이 있
다. 어릴 때부터 자신의 어머니가 공주처럼 떠받들여 키웠고,
결혼 후에는 딸이 그 역할을 대신한 것이다. 아직 고등학생인
딸은 학교에 다니며 집안일은 물론이고 동생까지 돌보고 있
다. 결국 딸은 무기력증에 빠져 아무것도 할 수 없게 되었다.
엄마 : 30대, 딸 : 안은영(가명), 고등학생

∶ 공주님과 몸종

이 모녀의 상담은 두 자매 중 큰딸에 관한 것으로 '딸이 점점
학교에 가지 않는다'는 내용이었다. 딸이 고등학교 2학년인데 엄마
가 서른아홉이라는 것은 스무 살에 결혼해 곧바로 아이가 태어났
다는 얘기가 된다.

이 어머니가 상담실에 들어서자 화려한 향수 냄새가 좁은 방
을 가득 채웠다. 젊은 엄마답게 완벽하게 화장을 하고 아가씨처럼
레이스가 달린 원피스를 입고 있었다. 학교에 가지 않는 딸에 관
해 상담하러 온 사람치고는 꽤 담담했다. 초조한 기색이나 그늘이

보이지 않아 상담이라기보다는 나들이 나온 듯한 분위기였다.

딸의 등교거부는 중학교 때 시작되었다고 했다. 그때는 2, 3일 쉬고 학교에 며칠 나가다가 또 2, 3일 쉬는 식이었다고 한다. 하지만 고등학교에 들어가자 2주나 3주를 내리 쉬는 형태로 장기 결석을 하니 어떻게 하면 좋을지 모르겠다는 것이다.

다만 시험 전에는 며칠이라도 학교에 나가고 시험만큼은 꼭 본다고 하니 어떤 의미에서는 최소한의 할 일은 하면서 버티고 있는 듯했다.

첫 상담에서는 가족 구성, 남편의 직업, 아이의 어린 시절, 두 딸을 어떻게 길렀는지에 대한 이야기를 들었다. 첫 대면의 긴장과 자신이 비난받는 것은 아닌가 하는 두려움이 있으면 아무래도 내담자는 거짓말을 하거나 진심을 숨기는 경우가 많다. 그래도 나는 중요하다고 생각되는 것은 첫날부터 솔직하게 물어보는 편이다.

그래서인지 생각보다 일찍 어머니가 마음을 열고 조금씩 속마음을 털어놓게 되었다. 사실 그보다는 딸에 대한 불만을 나에게 쏟아놓게 되었다고 말하는 편이 옳을 것이다.

예전에는 집안일도 잘 도와주는 착한 아이였는데 요즘 들어 게을러져서 아무것도 하지 않는다고 투덜댔다. 동작도 느릿느릿하고 기력이 전혀 없다고 했다. 어머니가 딸의 변화를 걱정한다기보다는 어딘지 짜증스러운 감정이 섞여 있다는 사실을 알 수 있었다.

그녀의 짜증과 불안을 달래면서 딸이 어떤 집안일을 해왔는지를 자세히 묻자 차차 이 어머니와 딸의 독특한 관계가 수면 위로 떠올랐다. 부모가 자식에게 그런 것까지 시키나 싶을 정도로 모든 것을 딸에게 시켜온 것이다.

: 동화 속에서 현실 세계로

큰딸 은영 양은 초등학교 때부터 요리, 빨래, 청소는 물론 어린 동생을 돌보는 일에 이르기까지 집안일이란 집안일은 모두 도맡아 했다. 두 살 아래의 여동생을 씻기고 옷을 갈아입히고 숙제를 봐주고 학원에 데려다 주고 데려오는 것까지 큰딸이 했다.

어머니가 집안일은 쳐다보지도 않고 뒹굴거리며 TV만 본 것은 아니겠지만 딸을 쉴 틈 없이 부려 먹은 것은 사실이었다. 은영 양은 그야말로 가정부나 노예였다.

너를 위한 일이기도 하고 가족을 위한 일이기도 하다며 딸에게 집안일을 시키고 자신은 바깥나들이를 하는 일도 빈번한 듯했다.

그러나 이 어머니의 말투를 보면 딸을 부려 먹는 것에 전혀 죄책감을 느끼지 않고 있을 뿐만 아니라 오히려 당연하다고 생각하는 듯했다.

"저는 말이죠, 귀찮은 집안일은 하고 싶지 않아요. 애가 어릴 때는 어쩔 수 없이 제가 했지만 저는 원래 그런 거 싫어해요."

그리고 그녀는 자신이 공주님이었다고 나에게 자랑하듯 말했다. 자신의 어머니는 자신을 공주처럼 키웠다는 것이다.

"어릴 때부터 우리 엄마는 저를 공주처럼 돌봐줬어요. 하고 싶은 것, 먹고 싶은 것, 제가 입만 벌리면 전부 제 뜻대로 해줬어요. 그렇게 계속 공주님처럼 자랐으니 당연히 손에 물 한 방울 안 묻혀봤죠. 그러니 저는 집안일도 애 키우는 것도 내키지 않을뿐더러 잘하지도 못해요."

"그래서 지금은 따님들이 어머님을 챙겨주고 있나요?"

"네. 딸이 다 해줘서 편했는데 요즘 들어 갑자기 게을러터져서는 집이 아주 엉망이라 못 살겠어요. 남편은 아무 소리 안 하긴 하는데요. 딸애가 아무것도 안 하면 제가 아주 피곤해져요."

부모에게 사랑받으면서 공주처럼 자란 것이 이 어머니에게는 자랑스러운 과거이자 자신의 자존감 그 자체인 모양이었다.

여전히 자신은 공주고 예전에 어머니가 해주던 것을 이제는 딸이 해주고 있다. 큰딸이 어른이 되어 결혼하면 아마도 이번에는 딸의 딸, 즉 손녀가 공주님이 되지 않겠느냐며 순정만화 같은 분석까지 해주었다. 그녀의 지론은 공주님과 몸종의 관계는 한 세대

걸러서 나타난다는 것이다.

"딸아이를 보고 있으면 그런 생각이 들어요. 역시 여자는 보살펴주는 타입과 보살핌 받는 타입이 있는 것 아닐까 하는…. 저는 전형적인 보살핌 받는 타입이에요. 아빠도 저를 끔찍이 아끼셨어요. 아, 엄마요? 엄마는 늘 집에서 이것저것 집안일을 했죠."

"어머님과 아버님은 어떤 부부였나요?"

"엄마는 조용히 내조하는 전형적인 주부였어요."

이 이야기를 듣고 딸은 공주, 아버지는 그 공주를 끔찍이도 아끼는 왕, 어머니는 그 두 사람을 시중드는 몸종 같다는 생각이 들었다. 그리고 지금은 그 몸종 역할을 큰딸이 맡은 셈이다. 작은딸도 도시락을 싸거나 청소를 하며 언니를 돕고 있다고는 하지만 대부분의 집안일은 모두 큰딸 차지라고 했다. 이는 큰딸에게는 매우 슬픈 이야기였다.

이 어머니는 사교적이며 호감을 주는 사람이다. 인상도 좋고 그늘진 구석이 없으니 남편이 보기에는 예쁜 아내일 것이다. 어릴 때는 부모님이, 결혼 후에는 딸이 떠받들어 주는 것이 행복할 수도 있다. 하지만 그것은 동화 속 이야기일 뿐이다.

: 소중하지만 예쁘지는 않다?

"따님이 예쁘다고 생각하시나요?"

이 질문에 엄마는 조금 주저하다가 이렇게 답했다.

"보통 이럴 땐 예쁘다고 대답하는 게 맞겠죠. 하지만 솔직히 저는 조금 달라요. 소중하다는 생각은 들지만 정말 예쁘다고 생각해본 적이 없는 것 같아요. 특히 요즘에는 속을 썩이니 귀찮다는 생각이 자주 드네요."

부모에게 사랑받으며 자랐다고 해서 자신의 아이에게도 그런 마음이 드는 것은 아닌 모양이다. 그것을 이상하게 받아들이지도 않고, 죄책감을 느끼지도 않는다. 그녀는 부모가 자신에게 해줬던 만큼 자식에게 기대한다. 하지만 그것이 마음대로 되지 않자 불만을 품은 것이다. 공주님이었던 내가 왜 자식을 위해 무엇인가를 해야 하는지 분노마저 느끼고 있다.

생각해보면 이 어머니는 어릴 때부터 부모님의 사랑과 보살핌을 받기만 했을 뿐 누군가를 돌본 적이 없는 사람이다. 달리 말해 그런 기회를 부모가 빼앗았다고 해도 좋을 것이다. 스스로 아무것도 하지 못하는 그녀는 의존의 대상을 부모에서 딸로 바꾼 채 지금껏 살아왔다.

어떤 의미에서 이 어머니의 부모는 그녀를 자유로운 딸로 키웠

다고 할 수 있다. 하지만 그 딸은 독선적으로 자라고 말았다. 육아
는 한 대에서 그치지 않는다. 나중에 자세히 언급하겠지만 다음
세대로 대물림되는 것이 육아다. "지금만 행복하면 돼", "이 아이
만 좋으면 돼" 하는 생각은 그 아이의 미래에 커다란 위험을 안겨
주는 것이다.

그 희생양이 바로 큰딸 은영 양이다. 몸종처럼 일만 하며 살아
온 큰딸의 몸과 마음이 지칠 대로 지쳐버린 것은 어쩌면 당연한
일이었다.

중학교 때까지는 엄마의 기대에 따르는 것이 사랑받는 길이라
고 생각해 안간힘을 썼을 것이다. 고등학생이 되자 조금씩 느껴
왔던 모순이 보이기 시작하며 지금까지 쌓인 피로가 단번에 터져
나온 것이다. 늘 팽팽하게 당겨져 있던 긴장의 실이 툭 끊겨버린
것이리라.

나는 어머니에게 딸을 만나보고 싶다고 했다. 상담을 한 지 2
개월 정도 지난 때였다.

"순순히 온다고 할지 모르겠네요."

귀찮은 듯 그렇게 말했지만 딸을 데려오는 것을 반대하지는 않
았다.

: 이제는 쉬고 싶어요

은영 양은 내가 생각한 것보다 몸 상태가 더 안 좋아 보였다. 축 처지고 생기가 없었으며 걸을 때도 힘이 없었다. 그 초췌한 모습이 그녀의 고충을 말해주고 있었다.

"몸은 좀 어때요?"

"아무런 의욕이 없어요."

은영 양은 힘없이 미소 지었다.

집안일이며 공부며 해야 할 일이 너무 많은데, 기력이 없어 몸이 말을 안 듣는다고 했다. 할 일을 하지 못해 초조했지만 아무것도 할 수 없었다. 피로는 우울감을 증가시킨다. 은영 양은 지칠 대로 지친 나머지 전형적인 우울증과 무기력증을 보이고 있었다.

이런 상태의 내담자에게는 조금이라도 심리적인 부담을 덜어주기 위해 '애쓰지 않아도 돼요', '무리하지 말아요' 하고 조언하는 것이 좋다. 나도 때에 따라 그런 말을 하는데 조심하지 않으면 내담자를 혼란스럽게 할 수도 있다. 자신이 지금껏 애써온 것을 부정당하는 것처럼 느낄 수 있기 때문이다.

은영 양의 경우도 마찬가지다. 그녀는 어릴 때부터 부모 대신모든 집안일을 도맡아 해왔다. 부모나 어른들이 '대단하네', '참, 야무진 아이야' 하고 칭찬하면 자신이 주위 사람에게 도움을 주고 있다고 느꼈을 것이다. 그것이 은영 양의 자존감과 이어져 있었다. 그러므로 더는 그러지 않아도 된다는 말을 들으면 '지금까지 내가 한 건 뭐지?' 하는 의구심을 품게 된다.

그러므로 은영 양이 지금껏 해온 것, 애써온 것에 대해서 긍정하고 인정하는 것이 그녀의 불안을 없애는 첫 단계다.

"그렇게 어릴 때부터 무슨 일이든 해왔군요. 대단하고 훌륭해요. 가족들 모두가 고마워하고 있을 거예요."

축 처져서 힘이 없는 은영 양의 자신감을 되돌리기 위해 나는 그녀가 지금까지 가족을 위해 헌신해 온 공을 치하했다.

"그래도 지금은 아무것도 못하고 있는 걸요…. 아무런 도움도 줄 수 없는 인간이 되어버린다고 생각하면 이따금 살아 있을 이유가 없다는 생각이 들어요. 엄마도 저보고 게을러졌다고 하고, 제가 점점 쓸모없어지는 것 같아서 무서워요."

은영 양은 자신이 쓸모없는 인간이라고 여기고 있었다. 그녀는 자책하며 자신을 더욱 궁지로 몰아넣고 있었다. 또한 그대로 무너져서 다시 일어설 수 없게 될까 봐 두려워하고 있었다.

"지금껏 애써온 건 훌륭하지만 지나친 면도 없지 않아요. 그래서 몸도 마음도 지쳐버린 거라고 생각해요. 지금은 조금 쉬는 게 좋을 것 같아요. 집안 일은 지금껏 충분히 해왔으니 잠깐 쉬었다가 건강해지면 다시 시작하는 게 어때요?"

서로를 사랑하지 못하는 엄마와 딸

본인이 지금껏 해온 일을 긍정하면서 조금 지나친 면도 있으니 쉬기를 권했다. 그렇게 자책하는 감정으로부터 조금씩 멀어지는 과정이 은영 양에게는 필요했다. 그러나 위축된 마음에서 해방되려면 그만큼 시간이 걸린다.

나는 은영 양과 상담을 지속해 나가며 그녀 스스로 조금 쉬겠다고 말할 때까지 천천히 기다리기로 했다.

: 아버지는 어디에?

이 가족에게 아버지의 영향력은 거의 없다. 엄마가 딸에게 집안일을 죄다 맡기는 것을 보면 애한테 너무 심한 것 아니냐고 아내를 나무라고 아버지로서 구원의 손길을 내밀만도 한데 그런 일은 전혀 없었다고 한다. 그녀 말로는 남편은 늘 일에 파묻혀서 집안일은 온전히 자기 몫이라고 했다.

"그 사람은 가족에게 관심이 없어요."

어머니는 포기한 듯 말했다. 남편이 자신에게 무관심하니 남편 대신 딸에게 의존하게 된 것일지도 모른다.

아버지가 가정을 돌아보지 않는 동안 엄마는 딸에게 의존하고 집안일을 시킨다. 딸도 결국 애정의 대상은 엄마밖에 없음을 깨닫고 그 기대에 부응한다. 엄마에게 도움이 되어줌으로써 사랑을 확인하는 것이다.

상담을 시작하고 얼마 후 은영 양에게 어머니에 대한 감정을 물었다.

"어머니를 사랑하시나요?"

"예전엔 좋았는데 지금은 잘 모르겠어요."

솔직히 말해 중학교에 들어갈 때까지만 해도 사랑한다고 느꼈지만 어느새 그런 마음이 사라졌다고 한다. 이는 은영 양의 감성이 풍부하다는 것을 의미한다. 엄마를 사랑하는 것도, 미워하는 것도 아닌 있는 그대로의 마음을 조용히 느끼고 말로 표현하고 있었다.

자신에 대한 엄마의 애정이 보이지 않게 된 것도 그녀의 혼란을 키우고 있었다. 은영 양처럼 자책하는 사람은 자신을 사랑해주지 않는 엄마가 아닌 '엄마를 사랑할 수 없게 된 자신'을 탓할 확률이 높다.

은영 양에게 그런 마음의 변화는 당연한 것으로, 사춘기를 맞이한 당신에게 새로운 성장이 시작된 것이라고 말해주었다. 그러자 그녀는 "다른 사람들도 다 그렇겠죠?" 하면서 조금 안심한 표정을 지었다.

서로를 사랑하지 못하는 엄마와 딸

: 당신에게 딸은 어떤 존재입니까?

엄마 이야기를 해보자.

'나는 늘 공주였으니 앞으로도 편하게 살고 싶다'는 것이 이 어머니의 본심이다. 그 안에는 보살핌 받는 것 이외에는 애정을 느끼지 못하는 진짜 모습이 있다. 공주의 자리에서 내려오는 순간 그 누구에게도 사랑받지 못하는 것은 아닐까 하는 두려움이 숨어 있는 것이다. 그 마음을 완전히 부정하면 오히려 공포나 분노가 커져 딸에 대한 학대로 이어질 수 있다.

이 어머니가 지금껏 살아온 인생을 부정하지 않고 상담을 계기로 조금이라도 딸에 대한 애정을 키워가는 것이 가장 큰 열쇠다. 그녀는 자기애가 강하지만 딸을 사랑하지 않는 것은 아니다. 딸이 얼마나 소중한 존재인가 하는 것을 스스로 깨닫는 것이 중요하다.

나는 그녀에게 큰딸은 그저 의욕이 없어서 게으름을 피우는 것이 아니라는 것, 지금까지 너무 애써온 탓에 심신이 지쳤고 우울감에 젖어 있다는 것을 자세히 설명했다. 그런 다음 이렇게 물었다.

"따님을 계속 이런 식으로 대할 생각인가요?"

그리고 "어머님께 딸은 어떤 존재입니까? 무슨 일이든 다 해주는, 편리한 존재인가요?" 하고 물었다.

그러자 어머니가 대답했다.

"그렇지 않아요. 당연히 소중한 존재죠."

"하지만 따님을 계속 지금처럼 대하면 무너져버릴 겁니다."

"딸아이 상태가 그렇게 심각한가요? 음… 그렇군요."

마치 다른 사람 얘기하듯 말했지만 가엾다는 울림이 들려오는 듯했다. 상담 초기 때처럼 '딸이 게으르다', '말을 안 듣는다' 하며 불평하는 것에서 벗어나 조금은 딸의 입장에서 생각하는 자세를 보이고 있었다. 그것은 좋은 징후였다.

어머니에게 그런 징후가 나타나면 나도 마음 편하게 이것저것 제안할 수 있게 된다.

"어머님도 여러 가지로 힘드시겠지만 따님에게 너무 기대지 마시고 가능한 한 쉬게 해주세요."

자신이 집안일을 해야 한다는 것이 이 어머니에게는 꽤나 큰 스트레스였던 모양이었다. 상담 후 이따금 투덜거리는 일도 있었다고 했다.

"선생님이 하라고 하시면 해야지 별수 있니."

그렇게 비아냥거리듯 말했다고 딸이 말해왔다.

삐걱거리기는 했지만 조금씩 '공주님과 몸종'의 관계를 개선해 갔다. 상담 중에 자신이 싫다고 생각하는 것은 거절해도 된다는 것을 은영 양은 조금씩 이해했고 드디어 제 생각을 주장할 수 있게 되었다.

이 모녀와는 거의 1년 가까이 상담을 진행했는데 은영 양이 고3이 될 즈음에는 정상적으로 학교에 다닐 수 있을 만큼 건강을 회복했다. 엄마는 딸에게 여전히 의존하지만 딸의 인생을 마음대로 할 수 없다는 것을 어렴풋이 깨달은 것이리라.

게으른 딸을 어떻게 좀 해달라고 상담을 받으러 온 엄마였지만 어쩌면 무의식중에 자신이 딸을 망치고 있다는 불안감과 죄책감에 시달리고 있었을지도 모른다. 그렇지 않았다면 딸을 상담실에 데려오지 않고 내버려두었을 것이다.

엄마와 딸의 관계는 남들이 봐서는 잘 알지 못하는 복잡한 감정으로 뒤섞여 있다. 무의식중에 이 어머니가 딸을 구하려 한 것이라면 그 또한 딸을 생각하는 엄마의 사랑이 아닐까.

딸은 엄마의 분신?

딸은 엄마에게 둘도 없이 소중한 분신이다. 여러 명의 모녀와 상담을 해왔지만 이 생각은 예전이나 지금이나 변함이 없다. 다만 예전에는 딸을 자신을 이해해주는 좋은 파트너로 만들기 위해 공을 들여 기르는 엄마가 많았다.

그러나 지금은 어떤가. 저출산으로 자녀 수도 많지 않은데 요즘 엄마들에게는 딸의 성장을 천천히 지켜볼 마음의 여유가 없어 보인다. 지금 당장, 나에게 순종적이고 사이좋은 이해자가 되기를 바란다. 그래서 어린아이인 딸을 어른처럼 대하고 아직 어려서 하지 못하는 것마저 강요한다. 그러면서도 독립심이나 책임감, 판단력과 같은 자질을 빼앗아 자기가 원하는 파트너로 만들려고 한다. 그런 엄마들이 딸의 자아발달을 방해하며 생기를 빼앗는 것은 아닐까.

이 장에서 소개한 모녀들처럼 딸을 순종적인 이해자로 만들려고 한 결과는 결코 바람직하지 않았다. 너무 심하게 응석을 받아주어 엄마가 없으면 아무것도 할 수 없는 마치 '애완동물' 같은 딸이 되어버리거나 집안일과 육아 등 엄마가 해야 할 일을 모두 떠맡아 우울증과 무기력증에 빠졌다.

엄마가 딸을 자기 마음대로 하려고 할수록 그것은 강한 압박이 되어 성장 과정에 있는 딸을 망치고 만다. 딸은 필사적으로 SOS를 보내지만 파트너 만들기에만 정신이 팔려 있는 엄마는 딸의 구조요청을 알아차리지 못한다. 엄마들 대부분은 '이건 딸을 위한 일'이라며 자신을 정당화하거나 딸의 고통으로부터 등을 돌린다.

어린 딸에게 엄마의 힘은 절대적이다. 엄마가 혼내거나 내쫓는 것보다 더 큰 공포는 없다. 그러므로 엄마의 눈치를 살피고, 어떻게든 엄마의 뜻에 맞게 자신의 자리를 찾으려 한다. 가까스로 자기주장을 해도 엄마가 대수롭지 않게 여기거나 이게 다 너를 위한 일이라고 설득당하기 일쑤다. 그렇게 되면 결국 딸들은 말없이

따를 수밖에 없다. 그리고 알 수 없는 불완전함을 마음속 깊이 앙금처럼 쌓아간다.

그래도 어릴 때는 어떻게든 엄마가 하라는 대로 따르지만 사춘기가 되어 자아가 눈뜨기 시작하면 딸들은 분명 변화를 보일 것이다. 마음의 앙금은 우울한 기분을 자아내고 사람을 무기력하게 만든다. 그리고 자신이 무력하다는 불안감에 사로잡혀 때로는 학교에 가지 못할 정도로 몸과 마음이 피폐해진다.

그렇게까지 딸들의 마음이 병들어도 엄마들은 자신의 행동과 딸의 상태를 연결 지어 생각하지 못한다. 그럴 리가 없다고 믿어버릴 뿐이다. 엄마와의 상담에서 그것을 깨닫게 하기 위해서는 참을성 있게 기다리는 인내와 긴 시간이 필요하다.

너는 나를 떠날 수 없다

이 장에서 소개한 엄마들은 모두 자신의 어머니와 문제가 있거나 남편이 충족해주지 못하는 외로움과 불안을 마음속에 감추고 있다. 그런 불안과 외로움을 덮기 위해 자신의 딸을 절대 엄마를 버리지 못하는 '파트너'로 키우려 한다. 그것이 딸의 인생을 구속하든 말든 자신의 말을 듣는 것이 딸의 행복이라고 착각한다.

이런 엄마들이 딸과 관계를 맺을 때 공통적으로 보이는 특징이 있다. 딸이 아직 어린데도 자신의 말을 모두 알아듣는 것처럼 대하는 것이다.

'대등', '어른대접'이라는 말은 언뜻 듣기에는 좋아 보이지만 실제로는 유아를 자신의 방식에 억지로 맞추는 행위일 뿐이다.

그러다가 자기가 바쁘면 '방해하지 마', '그만해', '시끄러워', '엄마는 그런 거 싫어해'와 같이 자신의 감정을 그대로 드러내는 말을 쉽게 해버린다.

이런 엄마는 자신이 아이에게 휘둘린다고 말하지만 실제로는 엄마 자신이 아이를 휘두르고 있는 것이다.

가령 '엄마는 그런 거 싫어해'라는 말 속에는 '그러면 엄마가 미워한다!'라는 위협이 숨어 있다.

이 경우, '엄마는 그런 거 싫어해'라는 말 대신 '지금 엄마 너무 피곤하니까 그만하렴' 하고 분명하게 이유를 말해주는 것이 좋다.

또한 엄마가 '뭘로 할래?' 하고 물었을 때 아이가 무언가 대답했다고 치자. 그때 '그걸로 괜찮겠어? 이건 별로야?' 하고 거듭 물어보면 아이는 대체 어떻게 하면 좋을지 몰라 당황한다. '뭘로 할래?' 하고 묻고 나서는 무엇이 되었든 아이의 선택에 따르는 것이 좋다. 만약 엄마의 의견을 제시했다면 그때는 아이와 책임을 나눠 가져야 한다. 혹은 처음부터 가야 할 방향을 정해주는 것이 좋다.

엄마가 자신을 대등하게 대할 때 아이는 자부심을 느낀다. 하지만 그것은 엄마가 아이의 심리적·신체적 상태를 충분히 이해하고 있는 경우에 한한다.

아이의 기분을 헤아리려 하지 않고 '그럼 이렇게 해야지', '이것 봐, 엄마가 해줄게'와 같은 말을 계속 하면 아이는 만족감을 느끼지 못한다. 엄마의 욕심은 채웠을지 몰라도 말이다.

딸아이를 둔 엄마는 유독, 나는 내 아이를 잘 알고 있다고 섣부르게 판단하거나 혹은 알아야 한다는 생각에 부담을 느껴 아이의 요구보다 자신의 판단을 우선하기 쉽다. 엄마가 그렇게 대한 딸들은 일찍이 자신의 뜻과 엄마의 말을 적절히 조율하려는 의식을 갖기 시작한다.

엄마의 보살핌을 계속 받으려면 본인이 어떻게 행동해야 하는지 잘 안다. 사랑받고 싶은 아이에게는 엄마의 기분에 맞추는 것이 가장 안전한 길이다.

어느새 아이는 엄마의 눈치를 보게 되고 아이다운 천진난만한 감성이 시들어간다.

딸들이 사춘기를 맞이해 자립 의식이 싹트기 시작하면 엄마의 태도는 급변한다. 그때까지는 어른 취급을 하거나 딸을 위해서는 무엇이든 할 것 같았던 엄마가 자기주장을 하기 시작한 딸에게 차가운 시선을 보내게 된다. 딸이 자기 의견을 말할라치면 엄마는 딸이 얼마나 못된 짓을 했는지 가르치려한다. '감히 나에게 대들

다니', '배신자', '배은망덕한 자식'이라며 괘씸하게 생각하는 경우도 적지 않다. 이때 엄마와 싸울 힘을 딸이 가지고 있다면 다행이지만 그때까지 엄마에게 기대는 것에 익숙해진 대부분의 딸들은 위축되어 순종적인 딸로 돌아갈 수밖에 없다.

우리는 친구 같은 부모와 자식을 이상적이라 여기고 커플룩 차림으로 팔짱을 끼고 거리를 활보하는 모녀를 입을 모아 부럽다고 칭찬한다. 하지만 그 이면에는 서로를 신뢰하지 못하는 '가면모녀'가 의외로 많다.

언뜻 사이가 좋아 보이지만 딸은 엄마의 눈치를 살피며 하고 싶은 말도 못한다. 다른 사람을 대할 때도 주뼛거리는 등 자신감 없이 행동하거나 반대로 감정이 폭발하기도 한다.

사랑을 담아 딸을 안고 있는 것처럼 보이는 엄마의 그 팔이 실은 딸을 억누르며 움직이지 못하게 하는 가시넝쿨이 되기도 한다. 문제를 안고 있는 모녀를 만나다 보면 이따금 그런 이미지가 떠오른다. 자아의 발현과 성장을 방해받은 아이는 아프고 힘들어도 그 팔을 떨칠 수 없는 법이다.

사랑하면 놓아주어야 한다

그렇게 자란 딸이 어른이 되면 또다시 같은 시나리오가 반복된다. 자신에게 딸이 태어나면 이번에는 딸을 자신의 순종적인 이해자로 만들기 위해 의미 없는 노력을 기울이기 때문이다. 그리고 대부분 자신의 엄마와 같은 짓을 하고 있다고 의식하지 못한다. 이것이 바로 엄마와 딸의 '나쁜 대물림'이다. 나쁜 대물림에 대해서는 다음 장에서 자세히 다루도록 하겠다.

딸을 진정한 의미의 좋은 파트너로 삼는 것도, 엄마의 절대적인 지배하에 두고 옴짝달싹 못 하게 하는 것도 엄마의 책임이다. 딸을 자기 생각대로 키우고자 하는 욕구는 모든 엄마가 느끼는 감정일 것이다. 그것이 잘못된 것은 아니다. 다만 그 생각이 폭주해버리면 비극이 반복된다. 딸을 자기 멋대로 통제하고 싶다는 욕구를 잠시 참아보자. 조금, 아주 조금이라도 좋다. 딸이 좋은 파트너가 되느냐 마느냐는 엄마가 어디서 한 걸음을 멈추느냐에 달려 있다.

상담 중 어머니들에게 항상 조언하는 것이지만 딸이 자신의 품을 떠나는 것을 두려워할 필요는 없다. 딸이 자기주장을 하더라도 그것은 엄마의 품을 떠나려는 사인이 아니라 다시 만나기 위해 성장하는 과정이라고 믿어야 한다. 그 신뢰감이야말로 그 후의 긴 일생에서 진정한 파트너 관계를 만들어가는 지름길이 될 것이다.

서로를 사랑하지 못하는 엄마와 딸

엄마와 딸은 언제나 서로 자극을 주고받으며 함께 성장해나가는 존재다. 딸이 결혼해서 아이를 낳아도 모녀의 유대감은 쉽게 끊어지지 않는다. 이것을 염두에 두면 딸이 자기 품을 떠나가는 불안감에서 잠깐이라도 해방되지 않을까.

엄마처럼 살고
싶지 않아!

'나쁜 대물림'의 고리를 끊다

딸을 순종적인 파트너로 삼고자 하는 엄마, 딸을 경쟁자로 생각하며 무너뜨리려는 엄마 등 지금까지 다양한 이야기를 소개했다.

각 장의 해설을 통해 정리한 것처럼, 이런 일그러진 관계가 생겨나는 원인은 딸을 괴롭히는 엄마에게만 있는 것이 아니다. 딸을 괴롭히는 엄마들도 자신의 엄마에게 억압적이고 공격적인 메시지를 받아왔기 때문이다. 즉 모녀 사이에 전개된 애증극은 엄마의 엄마, 혹은 그 이전 세대부터 이어져 내려온 고통이 맺은 슬픈 결실이다.

그런 의미에서 이 책에 등장하는 엄마들은 가해자인 동시에 피해자이기도 하다. 딸들 또한 지금은 피해자이지만 언젠가 가해자가 될 위험이 있다.

엄마 자신은 딸을 진심으로 사랑한다고 느끼더라도 그것이 딸에 대한 집착으로 나타나거나 딸을 위한다는 마음이 오히려 딸의 가능성을 파괴하는 대의명분으로 전락하기도 한다. 엄마의 애정 때문에 인생이 망가져 버린 딸들의 절망과 원망은 매우 깊다. 딸의 그 원망은 다시금 자신의 아이로 향할 것이다.

그렇게 엄마에게서 딸로 이어지는 '나쁜 대물림'의 고리를 끊어 내지 않는다면 모녀간의 절망과 분노는 끝없이 대물림될 것이다.

여기에서 조심해야 할 것은 대물림이라는 현상 자체를 무조건 나쁘다고 인식하는 것이다.

엄마가 딸에게 물려주는 것 중에는 한없는 사랑 속에 피어난 바람직한 것도 많다. 관용적인 모성 속에서 자란 배려심이나 누군가를 보살피는 마음이야말로 엄마가 딸에게 물려주는 가장 소중한 자산이 아닐까? 엄마가 딸에게 그 자산을 조금이라도 물려준다면 딸은 마음을 움직여 자신의 길을 헤쳐 나갈 것이다.

이 장에서 다룰 이야기는 엄마와 딸 모두를 괴롭히는 나쁜 대물림에 관한 것이다. 지금까지 각 장의 해설에서 나쁜 대물림의 고리를 끊어낼 힌트를 제시해왔는데, 이 장에서는 더욱 깊이 생각해보기 바란다.

다음은 모녀간의 나쁜 대물림이 주는 고통, 그 속에서 어떻게든 벗어나려고 발버둥 치는 엄마와 딸의 이야기다. 모녀간의 나쁜 대물림을 선명하게 파악할 수 있는 예이기에 독자들께 소개하려 한다.

때릴 때마다 떠오르는 악몽

> 부모에게 맞으며 자란 아이는 결혼 후 자신의 아이에게 폭력
> 을 휘두를 가능성이 높다. 폭력적인 부모를 증오하면서도 자
> 기도 모르는 사이에 부모의 나쁜 습관을 답습하는 것으로 이
> 를 '심리적 대물림'이라고 한다. 딸은 엄마와 심리적으로 밀접
> 한 관계를 맺고 있기 때문에 '모자', '부녀' 관계보다 심리적 대
> 물림이 일어나기 쉽다. **엄마 : 30대, 딸 : 신보라(가명), 초등학생**

: 엄마처럼 되지 않으리라 다짐했는데…

"이대로 가면 돌이킬 수 없는 짓을 저지를 것 같아요."

그녀는 입을 열자마자 나에게 호소했다. 자기도 모르게 초등학
교에 갓 입학한 딸에게 손찌검을 한다는 것이다. 딸의 찢어질 듯한
울음소리에 정신이 번쩍 들어 살펴보면 여덟 살 난 딸의 몸이 빨갛
게 부어올라 있거나 머리에 혹이 나 있기도 했다.

"미안해. 많이 아프지" 하고 딸의 몸을 어루만지려 하면 딸은
또 때리는 줄 알고 더 큰 목소리로 울부짖는다.

그런 일이 계속되자 딸은 예전처럼 응석을 부리지도 않고 눈치

만 보는 아이가 되어 버렸다. 어머니 또한 보이지 않는 힘에 이끌려 딸에게 폭력을 행사하는 자신을 자책하며 고통스러워했다. 좋은 엄마가 되려고 하면 할수록 자기도 모르는 사이에 아이에게 손찌검을 하게 되고, 정신을 차려보면 눈앞에서 어린 딸이 비명을 지르고 있었다. 그녀는 그런 자신이 두려워진 나머지 상담을 받기로 한 것이다.

"많이 힘드셨죠?"

우선 힘들어하는 그녀를 위로했다.

"어머님도 어릴 때 힘들지 않았나요?"

어린 시절 이야기를 유도하자 이 어머니는 힘겹게 말을 하기 시작했다.

"네. 저희 엄마는 정말 무서운 분이었어요. 부모님 모두 교사셨는데 엄마는 제가 교사의 딸로서 부끄럽지 않아야 한다며 특히 학교 성적에 관해서라면 가차 없었죠. 전 유치원 때부터 자주 맞았어요. 도시락을 남겨오면 머리를 쥐어박았고, 손을 씻지 않고 간식을 먹는다는 이유만으로 팔 안쪽 여린 살을 벌겋게 부어오를 때까지 손바닥으로 때렸어요. 아버지도 고지식한 사람이라 엄마가 그렇게 엄하게 저를 혼내도 말릴 생각을 안 하셨죠. 아주 가끔 그만하라고 한 적도 있지만 그러면 아버지한테 불똥이 튀는 거예요. 자기는 늘 악역이고 당신은 늘 좋은 사람인 척한다면서요. 그렇게 계속 잔소리를 해대니 아버지도 엄마와 제 사이에 끼어들지 않게 됐어요. 여동생이 하나 있는데 걔는 제가 혼나는 것을 늘 봤기 때문에 알아서 피해가곤 했죠."

: 아픈 기억이 되살아나다

"맏딸은 정말 손해예요."

그녀는 괴로운 듯 한숨을 내쉬었다. 성인이 된 지금도 당시의 부모에 대한 원망과 응어리가 생생하게 남아 있는 듯했다. 가차 없이 자신에게 손찌검하는 엄마가 견딜 수 없을 만큼 싫어서 그런 부모는 절대로 되지 않겠다고 마음속으로 다짐했다고 한다.

"남편은 다정한 사람이에요. 직장에서 만나 사귀다가 청혼을 받았어요. 아, 이 사람과는 따뜻한 가정을 만들 수 있겠구나 생각하며 결혼했어요. 결혼하고 2년 만에 우리 보라가 태어났는데 저도 남편도 정말 기뻐했죠. 많이 사랑해주며 키우자고 결심했는데… 그런데 딸이 조금 자라서 떼를 쓰기 시작하니까 짜증이 나더라고요. '왜 이렇게 버릇이 없지? 나 어릴 때 이렇게 하면 우리 엄마는 가만 안 뒀어'라는 생각이 들면서 분통이 터졌어요. 따끔하게 혼내줘야 한다는 생각에 나도 모르게 손바닥으로 딸을 때렸는데 그때부터 아이를 때리는 습관이 생긴 거예요. 처음에는 혼내지 않으면 아이가 버릇없어질 거라고, 그러니 혼내는 건 아이를 위한 일이라고 생각했어요. 하지만 딸을 때린 후에는 저 자신이 정말 싫어지는 거예요. 그렇게까지 싫어했던 엄마와 똑같은 짓을 하고 있구나 하는 생각에 저 자신이 미워서 견딜 수 없었죠. 그렇게 딸을 때리는 제가 나쁘다고 생각하면서도 한편으로는 딸애가 말을 잘 들었으면 때릴 일도 없었을 텐데 하면서 애 탓을 하는 자신을 발견했어요. 그러면 더 견딜 수가 없어요…."

"처음부터 아무런 문제없이 아이를 키울 수 있는 엄마는 그리 많지 않습니다. 따님을 위해 지금껏 많이 애써오셨잖아요. 따님이 엄마의 마음을 전혀 모르지는 않을 겁니다."

내가 그렇게 말하자 그녀는 눈물을 펑펑 쏟으며 말했다.

"저는 참 나쁜 엄마예요. 딸아이에게 정말 미안해요."

이어서 떨리는 목소리로 말했다.

"딸아이를 때리고 있으면 그 순간 멍해져서 그 손이 제 손인지 우리 엄마 손인지조차 모르겠어요. 그리고 제가 어린 시절로 돌아간 것만 같아서 맞고 있는 사람이 나인지 딸인지조차도 잘 모르겠고요. 제 안에는 아직 어린 시절의 제가 있어서 아직도 엄마에게 맞는 것처럼 무서운 기분이 든달까…. 우리 엄마가… 그러니까 딸아이의 외할머니죠. 때때로 손녀딸에게 공부 열심히 하라고 말하는 모습을 보면 마치 30년 전으로 돌아간 듯이 정말 선명하게 저와 제 딸이 겹쳐 보여요. 아, 그때의 엄마와 나구나 하고. 그런 엄마를 보면 저는 늘 묻고 싶어져요. '왜 나를 때렸어? 나를 사랑해서 그런 거였지?' 하고. 하지만 어떤 대답이 돌아올지 몰라 두려워서 물어볼 수도 없어요."

그녀는 딸을 때리는 손이 자기 손인지 자신의 어머니의 손인지 모르겠다고 말했다. 모녀관계의 '대물림'은 이와 같은 혼동과 혼란 속에서 생겨난다. 피해자와 가해자가 하나가 되어 자신이 어느 쪽에 서 있는지조차 판단할 수 없게 된다. 어릴 때부터 앙금처럼 쌓인 분노와 불안, 불신이 데자뷰처럼 다시 살아나 이러한 혼란을 일으킨다.

이 어머니가 자신이 딸을 때리는 행동을 정당화하기 위해서는 딸이 '교사의 손녀답게' 좋은 대학에 들어가 자랑할 만한 직업을 가져야 한다.

훌륭하게 자란 딸이 자신에게 감사한다면 위로가 될 테고 자신의 엄마도 용서할 수 있다. 그렇게 그녀는 부모에 대한 원망과 분노를 딸을 통해 해결하려 하고 있었다.

이렇게 얘기하면 이 어머니에게는 엄마 자격조차 없는 것 같지만 꼭 그렇지는 않다. 어떤 엄마든 간에 많든 적든 그런 부분은 있다. 본인이 엄마에게 그런 대접을 받았으니 나는 그런 길을 걷지 않으리라 결심하지만, 자신도 모르는 사이에 엄마가 살아온 방식을 자기 인생에 반영한다.

'나는 내 딸을 속박하지 않는다. 자유를 존중한다'고 하면 언뜻 합리적인 부모처럼 보이지만 그 말 자체가 아이를 속박하는 족쇄가 되기도 한다. 나는 그녀에게 진심을 다해 내 생각을 전하고 학대에 관한 대처와는 별개로, 당장 무리해서 좋은 엄마가 되려고 노력할 필요가 없다고 말했다.

: 당신은 당신의 엄마와 다르다

엄마라면 누구나 내 딸은 이랬으면 하는 이상과 기대를 품고 있다. 그런 마음을 부정할 필요는 없다. 나는 그녀에게 "어머님이 하는 행동이 따님에게 정말 의미 있는 것인지 생각해보면 어떨까요?" 하고 제안했다. 그러면 모녀관계를 객관적으로 보게 되어 짜증도 줄어들 것이라고 설명했다.

"어머님은 친정어머님과는 다르고, 따님은 어린 시절의 당신이 아닙니다. 각자가 다른 생각을 가진 다른 사람이라고 생각하면 마음이 좀 가라앉을 겁니다."

그렇게 말하자 그녀는 몇 번이고 고개를 끄덕이더니 나에게 이렇게 말했다.

"딸은 딸인 거네요, 그 시절의 제가 아니고요. 그런데 언제나 저는 딸아이에게 저를 투사하곤 했어요. 지금 선생님이 말씀하신 것처럼 우리 엄마가 조금이라도 내 마음을 알아주었다면 이렇게 나쁜 엄마는 되지 않았을 텐데… 노력해볼게요. 딸애가 정말 기뻐할까 하며 아이의 마음을 헤아리는 건, 엄마라면 당연히 해야 할 일이잖아요."

이 어머니는 더 이상 딸을 때리지 않게 되었다. 상담 중에도 아이를 칭찬하며 이따금 자애로운 표정을 지어보였다. 딸은 예전에 비해 엄마의 눈치를 보지 않고 웃음도 많아졌다고 한다.

이 어머니와 딸의 관계는 이제부터 시작이다. 앞으로 넘어야 할 산은 많겠지만 우선 고난의 첫 페이지는 종지부를 찍었다고 생각한다.

모녀사이는 아주 가깝다. 그러나 그 속에서 아주 조금만 거리를 두는 것, 그것이 불가능하기 때문에 헛된 증오의 악순환이 계속 되는 것이다. 그러나 괴롭더라도 조금씩 방향전환을 할 용기가 있다면 마음의 짐은 생각보다 가벼워진다.

자신의 엄마처럼 되지 않겠다고 다짐했는데 정신을 차려보니 같은 짓을 저질러 버린 엄마.

이렇게 자신도 모르는 사이에 엄마의 사고방식과 양육방식을 답습하는 것을 '대물림'이라고 한다. 대물림은 특히 모녀관계에서 자주 나타나는데 이에 관해서는 뒤에서 구체적으로 알아보도록 하자.

열한 번째
이야기

씻을 수 없는 상처, 성적 학대

친아버지에게 성적 학대를 당해 이성을 받아들이지 못하는
딸이 있다. 그녀는 자신을 망가뜨린 아버지를 증오하고, 위험
에 처한 자신을 모른 척한 어머니 또한 용서하지 못한다. 친
부모에게 배신당한 그녀의 고통은 이루 말할 수 없다.
엄마 : 60대, 딸 : 서유경(가명), 30대

： 나는 연애가 두렵다

이 이야기는 친부에게 성적 학대를 받은 경우라 마음이 무척
아팠다. 내담자가 지금껏 겪어온 고통과 마음의 상처는 이루 말할
수 없다.

유경 씨가 상담을 받으러 온 이유는 성적 학대로 트라우마가
생겨 이성을 받아들일 수 없어서였다. 이성이 좋아지기는 하지만
이성에 대한 애정이 싹틈과 동시에 억누를 수 없는 분노가 끓어
오른다고 했다. 당연히 상대와 성관계를 맺는 것도 불가능한 상태
였다. 유경 씨는 지금껏 상담을 많이 받았는데 상담사는 모두 여

자였고, 남자는 내가 처음이라고 했다.

끝이 보이지 않는 고통에서 헤어 나오고 싶다는 마음과 이성과의 관계를 원활히 맺고 싶다는 바람을 갖고 방문한 그녀는 남자 상담사가 처음이라 그런지 초반에 꽤 불편해 보였다. 그래도 서너 번 얼굴을 본 후에는 조금씩 마음속 이야기를 들려주었다.

"아버지는 겉으로 보기에는 멀쩡한데 가정폭력을 휘두르는 사람이었어요. 특히 술이 들어가면 제어가 안 돼서 엄마를 두들겨 팼죠. 지금은 겨우 이혼하고 따로 살지만 왜 좀 더 빨리 이혼하지 않은 건지 원망도 돼요. …아버지가 저에게 손을 대기 시작한 건 초등학교 고학년 때였어요. 처음에는 몸을 더듬는 정도였는데 제가 무서워서 몸이 굳어버리니까 그걸 이용해서 점점 더 심한 짓을 하더라고요. 술을 마시고 엄마에게 폭력을 휘두른 다음에 제 방에 들어오는 거예요. 죽을 만큼 싫은데 몸이 굳어서 저항할 수가 없었어요. 그런 비정상적인 관계는 제가 고등학교에 들어간 후에도 계속됐어요. 싫다는 의사를 내비쳤더니 횟수가 줄기는 했지만 그래도 아예 없어지지는 않았어요. 다음에 방에 들어오면 칼로 찔러버려야지 하고 진심으로 아버지를 죽이려고 한 적도 있어요."

아버지에 대한 유경 씨의 분노는 끝이 없었다. 상담 내내 자기 아버지가 얼마나 최악이고 못된 인간인지 저주를 퍼부었다. 그리고 마지막에는 "이대로는 용서할 수 없어요. 제대로 된 사과를 받

제4장 엄마처럼 살고 싶지 않아!

고 싶어요" 하고 분한 듯 눈물을 보였다.

나는 일반적으로는 내담자의 말을 잠자코 들을 뿐, 억지로 유도하지 않는다. 내담자의 이야기를 가능한 한 긍정하면서 약간만 다른 시점에서 볼 수 있도록 중간 중간 질문을 한다.

하지만 유경 씨는 어떤 질문을 해도 같은 말을 반복할 뿐이었다. 아버지를 증오하는 데만 의식이 집중되어 있어서 그를 용서할 수 없다는 말만 되풀이할 뿐이었다.

: 도와달라는 나를 못 본 체했다

이대로라면 아버지에 대한 증오와 분노 속에서 허우적댈 뿐이라고 판단한 나는, 그녀가 그 문제에 정면으로 마주할 방법을 쓰기로 했다.

그날도 유경 씨는 시종일관 자신의 인생을 망쳐놓은 부모가 밉다, 결혼 못 하는 것도 다 아버지 때문이다, 자기에게 제대로 된 사과를 해야 한다는 이야기를 했다. 조금 짓궂은 시선으로 바라보자면 그런 피해 의식 속에 머물러 있으면 인생의 다른 고통과는 마주하지 않아도 된다고 믿고 있는 듯했다.

그래서 나는 약간 냉정한 말투로 이렇게 물었다.

"언제까지 증오와 분노 속에 머물러 있을 건가요?"

지금껏 온화하게 이야기를 들어준 상대가 돌연 공격적인 질문을 하자 그녀는 동요하기 시작했다.

"그럼 어쩌라는 건가요? 이대로라면 평생 결혼은 고사하고 연애도 못 해요. 제가 뭘 할 수 있겠어요?"

그렇게 토해내듯 말하더니 유경 씨는 목 놓아 울었다.

나는 그녀가 안정되기를 기다렸다가 다시 질문했다.

"결혼이나 연애가 왜 두렵나요?"

그러자 유경 씨는 흐느끼면서 생각지도 못한 이야기를 꺼냈다.

"엄마처럼 될까 봐요. 결혼하면 자기 딸조차 나 몰라라 한 엄마처럼 될까 봐 무서워서 아이도 못 낳겠어요. 엄마는 내가 그렇게 심한 짓을 당하는데 보고도 못 본 척하고 도와주려고도 안 했어요. 엄마는 아빠가 한 짓을 알았을 텐데 아빠의 폭력이 두려워서 저를 내버려둔 거예요. 제가 아버지에게 저항하는 소리도 들었을 텐데… 나 좀 도와달라고 몇 번이나 말했는데 들은 척도 안 했다고요!"

이것은 서른이 넘은 딸이 엄마에게 보내는 SOS다. 폭력을 휘두르는 아버지 때문에 엄마에게 기대어 견뎌왔는데 가장 신뢰하는 사람에게 배신당했다는 심리적 충격은 유경 씨에게는 견디기 힘들 만큼 깊은 것이었다. 그녀는 아버지 이상으로 엄마를 용서할 수 없게 되었다.

엄마처럼 될까 봐 두렵다고 유경 씨는 말했다. 그것을 이유로 결혼이나 출산을 주저하는 것은 그녀에게만 국한된 이야기는 아니다.

"유경 씨는 혼자서도 잘 버텨왔어요. 힘든 상황에서도 착실하게 일하면서 자기 길을 걷고 있잖아요? 자기 앞가림을 똑 부러지게 하는 사람으로 자라준 당신을 보면서 어머님도 미안함과 고마움을 동시에 느낄 거예요."

그렇게 말하자 그녀는 그럴 리가 없다는 듯 머리를 강하게 가로젓더니 또다시 울음을 터뜨렸다. 나는 앞으로 어머니에 대한 이야기를 서서히 해나가야겠다고 생각했다.

: 성적 트라우마에서 벗어나다

유경 씨는 아버지 이상으로 엄마에게 사과 받기를 원했다.

실제로 부모로 인해 마음에 응어리가 생긴 내담자는 대부분 분노를 이기지 못해 부모에게 사과 받기를 원한다. 하지만 사과를 받는다 해도 내담자 스스로 분노에서 자유로워지지 않는다면 아무것도 해결할 수 없다. 그래서 나는 사과를 재촉하지는 않는 편이다.

사실 딸에게 나쁜 짓을 했다고 의식하지 못하는 엄마는 매우 드물다. 하지만 미안한 마음이 있더라도 '이제 와서 그럴 필요가 있나?', '이미 너에게 사과했잖아' 하는 반응을 보이는 경우가 많다. 생각하기 싫은 과거는 덮어 놓고, 보고 싶지 않다는 심리가 작용하는 것이리라.

사과를 받는다고 해서 오랜 기간 억눌러온 분노의 감정이 지워지는 것은 아니다. 실제로 엄마에게 사과를 받더라도 '아직 모자라', '말로만 사과할 뿐이지 내 고통을 알 리가 없어' 하고 생각하는 것이다. 섣부른 사과보다는 딸의 가슴속에 있는 응어리를 없애주는 것이 중요하다.

한편 엄마를 용서할 수 없는 딸의 마음은 무의식적으로 자신의 아이에게 향해 악순환이 반복된다.

유경 씨는 대학에 들어간 후 집에서 나왔고, 엄마와는 거의 만나지 않는다고 했다. 취직할 때나 아파트를 빌릴 때 보증인을 부탁하러 몇 번 집에 가긴 했지만 저녁 먹고 가라는 엄마를 뿌리치고 도망치듯 집에서 나왔다. 엄마는 파트타이머로 근근이 생활하면서 그 집에 계속 혼자 살고 있다.

상담 때마다 미웠던 엄마가 아니라 좋았던 엄마가 조금이라도 생각날 수 있도록 대화를 이끌었다.

'엄마가 해준 것 중 가장 기뻤던 것은 무엇인가', '엄마가 가르쳐준 것 중에 가장 좋다고 생각하는 것은 무엇인가'와 같은 질문을 하면서 유경 씨 안에 가라앉아 있는 엄마와의 좋은 추억을 끌어올리고자 했다. 가슴 속에 엄마에 대한 증오와 분노를 담고 있는 한 딸은 계속 나쁜 대물림의 피해자로 머무를 수밖에 없기 때문이다.

처음에는 떠올리기 싫은 기억이라고 말했던 그녀가 조금씩 엄마에 대한 이야기를 시작했다. 초등학교 때 엄마가 고양이 얼굴이 그려진 예쁜 벙어리장갑을 짜주었는데 반 친구들이 모두 부러워했던 일. 오후에 갑자기 소나기가 쏟아진 어느 날 우산이 없어서 학교 현관에 멍하니 서 있었는데 엄마가 우산을 가지고 데리러 와준 일…. 그런 이야기를 하는 동안 꽁꽁 얼어붙었던 유경 씨의 마음이 서서히 녹아내리는 듯했다.

"엄마가 저를 모른 척했다고 했지만 실은 제 방에 들어가려는 아빠를 막으려고 한 적도 있었어요. 그러면 아빠는 엄마를 두들겨 패거나 냅다 밀쳤죠. 새벽에 엄마가 흐느껴 우는 것을 들은 적도 있어요. 지금 생각하면 무력한 자신을 탓했던 것 같네요. 우리 엄마는 남자 운이 없어서 고생만 했어요. 좋은 일이라고는 하나 없는 인생이었죠."

그리고 유경 씨는 중얼거리듯 "엄마는 지금쯤 뭐 하려나" 하고 말했다. 사과를 받아야겠다고 울부짖던 때의 격앙된 말투가 아닌, 안정되고 편안한 느낌이었다.

"유경 씨가 찾아가면 분명 어머님은 기뻐할 거예요. 여러 가지 안 좋은 일이 있었지만 당신은 바르게 살아가고 있잖아요. 아마도 어머님과의 좋은 추억이 유경 씨 안에 살아 숨쉬기 때문일 거예요. 어머니와 마음을 터놓고 이야기하면 결혼이나 연애에 대한 생각도 바뀔지 모르죠."

그녀는 천천히 고개를 끄덕였다.

그 후, 유경 씨의 얼굴은 보지 못했다. 엄마와 화해는 했을지 궁금해 하는 사이에 세월이 흘렀다.

그로부터 6, 7개월쯤 지난 어느 가을날, 그녀에게 엽서가 왔다. 결혼과 이사를 알리는 엽서였다. 엽서에는 정성스러운 글씨로 이런 메시지가 쓰여 있었다.

"마흔 직전에 겨우 결혼에 성공했네요. 실은 지금 임신 중이에요. 속도위반이죠. 엄마가 무척 기뻐하고 계세요. 정말 감사합니다."

더는 피해자의 모습이 아니었다. 자신의 인생에서 보람을 찾고 스스로 걸어가려 하고 있었다. 엽서를 보며 나는 마음속으로 '축하해요' 하고 읊조렸다.

물려주고 싶지 않은 선물 '심리적 대물림'

엄마처럼 되고 싶지 않다고 생각했는데 정신을 차려보니 자신의 딸에게 손찌검을 하고 있었다는 여자의 고뇌, 그리고 자신을 배신한 엄마에 대한 분노가 사그라지지 않아 결혼을 두려워하는 딸의 고민. 이들은 모두 엄마로부터 이어진 '나쁜 대물림'에 휘말린 탓에 상담할 때만 해도 출구가 보이지 않는 상태였다. 이런 예를 보고 알 수 있듯이 애증이 뒤섞인 엄마에게 받는 심리적 대물림은 다양한 갈등을 일으키고 그것을 극복하기까지는 오랜 시간이 걸린다.

딸은 엄마와 비교적 밀접한 관계를 유지하기에 아들보다 심리적 대물림이 일어나기 쉽다.

대물림에는 두 가지가 있다.

하나는 부모의 불안과 스트레스가 아이에게 전달되는 것으로 딸은 아들에 비해 엄마의 부정적인 체험에 쉽게 영향 받는다. 이를 '나쁜 대물림'이라고 부른다. 또 하나는 세대 간 대물림인데 주로 육아에서 볼 수 있다.

자신도 모르는 사이에 엄마의 사고방식과 양육방식을 답습하고 마는 것을 가리킨다. 여기에서는 그것을 '심리적 대물림'이라고 부르기로 하자.

아들은 의존의 대상, 딸은 스트레스 해소의 대상

그렇다면 모녀지간에 발생하는 나쁜 대물림이란 어떤 것인지 시대의 추이를 보며 생각해보자.

예전에는 주부, 즉 여성이 가사나 육아를 도맡아 했다. 결혼한 대부분의 여성은 전업주부였다. 그러나 얼마 지나지 않아 겸업 주부가 늘었다. 여성도 적극적으로 자신이 하고 싶은 것을 해야 한다는 새로운 가치관의 등장, 가정의 생계를 유지하기 위한 경제적 필요성, 여성 노동력을 원하는 사회의 요구 등이 맞물려 나타난

현상이다.

그러나 사회에 진출한 여성 대부분은 전업주부의 손에 길러졌다. 따라서 일과 육아 사이에서 갈등하며, 부모 등 가족의 지원이나 공적 지원이 있다 해도 갈등은 필연적으로 대물림된다.

더욱이 여성은 '육아냐 일이냐' 하는 갈등 외에도 '나는 대체 무엇인가?' 하는 의문을 거쳐 '나 자신을 되찾고 싶다'는 욕구를 키워나간다. 그 결과 가정을 지킴으로써 사회 유지에 이바지한 전업주부의 사회적 지위는 점점 낮아졌다.

실제로 육아 스트레스, 고독감과 허무함, 육아와 가정상황에 대한 불만 등은 일하는 엄마보다 전업주부에게 더욱 높게 나타나는 경향이 있다. 이처럼 아이를 키우는 시기에 엄마가 품고 있는 불안과 스트레스가 아이에게 고스란히 전해지는 것, 그것이 모자간의 나쁜 대물림이다. 아이를 키우는 엄마의 대인 접촉(사람을 사귀는 일)이 적을수록 불안이나 스트레스는 내재화하기 쉽다. 또한 아이에게 직접적으로 표현할 기회도 늘어간다.

이 책에서 소개한 이야기에서도 알 수 있듯이 엄마에게 내재한 불안과 스트레스는 과도한 속박과 통제, 혹은 냉담함, 학대와 같은 다양한 형태의 화살이 되어 아이에게 향한다.

엄마에게 의존하지 않으면 살 수 없는 아이는 엄마의 손아귀에서 벗어나는 방법을 모르기 때문에 극단적인 경우, 몸과 마음이

서로를 사랑하지 못하는 엄마와 딸

망가지기도 한다.

이처럼 엄마에게 내재하는 부정적인 감정은 아이에게 적지 않은 영향을 미친다. 엄마가 표현하는 불안이나 스트레스는 아이 안에 파고들어 불안과 스트레스를 느끼기 쉬운 아이로 만든다.

이럴 때 아들이라면 엄마는 아들을 예뻐해 주면서 떠받든다. 일반적으로 엄마가 아들에게 정성을 다하는 것은 드문 일이 아니지만 스트레스나 불안이 높아지면 그와 같은 현상이 훨씬 뚜렷해진다. 즉 이성(異性)인 아들을 보살피고, 아들에게 의지함으로써 불안을 달래는 것이다.

그러나 딸이라면 같은 여자라는 이유로 자신과 딸을 동일시하고 굳이 말하지 않아도 통할 것이라고 믿는다. 스트레스나 불안이 심해지면 딸아이는 내 편이고 나를 이해해준다는 믿음이 강해진다. 또한 동성이기 때문에 이 정도는 해도 괜찮다, 이 정도는 말해도 상관없다고 생각하는 경향이 심해진다. 그것은 모녀간 동일시를 가속시킨다.

딸이라면 이정도는 이해해줘야 한다며 푸념을 늘어놓기 때문에 딸은 엄마가 안고 있는 불안과 스트레스에 직면하기 쉽다.

육아와 사회생활 사이에서 오는 갈등

　나쁜 대물림과 마찬가지로 여성의 사회 진출로 인해 일과 육아 사이에서 오는 갈등은 다음 세대로 이어지는 심리적 대물림을 조장한다. 육아 연령층이 다양해짐에 따라 육아를 하는 사람들이 늘어난 것에는 장단점이 있다.

　육아가 세대를 통해 대물림되는 것은 원래는 바람직한 형태라고 할 수 있다. 악습이나 미신적 행위는 대물림할 필요가 없지만 부모·자식 관계에서 비롯되는 대인관계 능력, 살아가는 기술, 자신을 둘러싼 세계에 대한 이해 등은 세대를 거쳐 대물림 될 필요가 있다.

　그러나 현대의 육아는 육아를 담당하는 사람(주로 엄마)이 오랜 기간 고립되기 쉽다. 따라서 이전 세대의 지혜를 계승하는 것이 힘들어졌다. 이런 상황에서는 자신 안의 희미한 기억이나 경험에 기대어 육아와 악전고투하게 된다.

　육아는 중노동이다.

　특히 아기를 상대하는 심리적 부담을 선배들의 지혜나 도움 없이 뛰어넘는 것은 매우 어렵다. 혼자 해결하려고 하면 할수록 부담은 날로 커지고, 왜 나만 이런 꼴을 당하는 건가 하는 생각에 사로잡힌다. 그 결과 힘든 육아로 인해 발생하는 부정적인 감정은 아이에게 향한다.

그런 의미에서 고생을 덜어주고 지혜를 전달하는 아이 할머니의 지원은 무척 중요하다. 하지만 모녀관계, 혹은 고부관계에 따라 스트레스가 해소되기는커녕 더 쌓이는 경우가 많다.

심리적 대물림의 패턴

아이를 키우는 사람이 고립되기 쉬운 현대가 아니더라도, 예전부터 모녀 사이의 심리적 대물림은 존재했다. 여기에서 말하는 대물림이란, 예로부터 전해 내려오는 지혜와는 달리 반복적으로 일어나는 좋지 않은 모녀관계를 가리킨다.

부정적인 대물림은 모녀관계뿐 아니라 알코올 중독자 가정에서 자란 어덜트칠드런, 학대의 대물림, 식이장애 등에서 나타나는데 여기에서는 여러 세대를 거쳐 이어져 내려온 모녀의 대물림에 대해 알아보자.

모녀의 대물림을 바라보는 관점은 다양한데, 다음 표는 '모녀의 성향'에 따라 대물림의 패턴을 분석한 것이다.

모녀의 성향에 따른 심리적 대물림 패턴

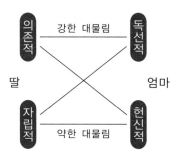

위 그림은 부정적인 대물림이 일어나기 쉬운 정도를 나타내고 있다.
(이하 ❶~❹는 부정적인 대물림이 일어나기 쉬운 순서)

❶ 딸 : 의존적 / 엄마 : 독선적
의존적인 딸이 독선적인 엄마를 쉽게 받아들이기 때문에 심리적 대물림
이 일어나기 쉽다.

❷ 딸 : 자립적 / 엄마 : 독선적
두 사람은 충돌하기 쉬워서 대물림이 일어나기 어렵다. 그러나 엄마의 독
선에서 벗어나려고 하는 사이에 딸도 조금씩 독선에 빠지는 경우가 많다.

❸ 딸 : 의존적 / 엄마 : 헌신적
엄마의 헌신성이 딸의 의존성을 조장하기 쉬우며 서로가 서로에게 기대면
딸이 엄마를 닮은 것인지 엄마가 딸을 닮은 것인지 알 수 없는 관계가 된
다. 하지만 ❶과 ❷에 비하면 좋은 대물림 일어날 가능성이 높다.

❹ 딸 : 자립적 / 엄마 : 헌식적
기본적으로 엄마가 딸의 장점을 끌어올리고 딸은 엄마를 보고 배우며 좋
은 대물림이 일어나기 쉬운 조합이다.

서로를 사랑하지 못하는 엄마와 딸

심리적 대물림에는 다양한 감정이 복잡하게 얽혀 있다.

엄마를 거부하려는 마음과 이해받고 싶다는 마음 사이에서 갈등이 거세진다. 그 밑바닥에는 본인의 마음을 알아줄 거라는 의존적인 마음과 분명 알 텐데 알아주지 않는다는 분노가 깔려 있다.

엄마에 대한 강한 기대와 충족되지 못한 감정이 자신 안에서 모순을 일으키며 심리적 대물림이 일어난다.

'정신 차려보니 자신도 엄마와 똑같은 행동을 반복하고 있었다' 이는 자주 봐온 광경이다.

딸의 무의식 중에는 '엄마를 따라하면 칭찬받을 수 있어. 엄마와 좀 더 가까워질 수 있을 거야' 혹은 '나는 엄마와 똑같은 짓을 하고 말았어. 엄마, 이제 만족스러워? 당신 딸이 이렇게 못된 짓을 하고 있다고. 당신 때문에!'와 같은 억압당한 마음이 소용돌이치는 것이다.

당신의 모녀관계 알아보기

엄마와는 다르다고 생각했는데 어느새 엄마와 같은 행동을 하는 자신을 보고 깜짝 놀란다. 싫어도 무의식적으로 엄마의 삶을 그대로 모방하는 것이다.

여성인 자신의 체험은 딸에게 반영되며, 동시에 같은 여자로서의 삶과 육아에 영향을 미치기 때문에 모녀 사이의 심리적 대물림은 모자(母子)관계, 혹은 부자(父子)관계보다 훨씬 극단적으로 나타난다.

당신의 모녀관계는 어떠한가?

다음 체크리스트는 신뢰를 바탕으로 한 '심리적 거리'라는 관점에서 모녀관계를 보고 있다. 당신의 모녀관계에 대해 가능한 한 객관적으로 질문에 답해보길 바란다.

당신과 엄마의 관계는?

다음 질문에 대해 아래와 같이 1~5로 점수를 매기시오.

매우 그렇다 ➡ 5

약간 그렇다 ➡ 4

보통이다 ➡ 3

별로 그렇지 않다 ➡ 2

전혀 그렇지 않다 ➡ 1

Part1

❶ 엄마는 내 생각을 존중한다 ·· 5·4·3·2·1

❷ 엄마는 나를 신뢰한다 ·· 5·4·3·2·1

❸ 엄마는 무슨 일이 있을 때 나를 도와준다 ····················· 5·4·3·2·1

❹ 엄마는 나를 이해해준다 ·· 5·4·3·2·1

❺ 엄마는 나의 본보기(모델)다 ·· 5·4·3·2·1

Part2

❻ 내 인생과 엄마의 인생은 별개다 ································· 5·4·3·2·1

❼ 나와 엄마는 독립적인 관계다 ····································· 5·4·3·2·1

❽ 나는 엄마 의견에 휘둘리지 않는다 ······························ 5·4·3·2·1

❾ 나는 엄마를 객관적으로 바라본다 ································ 5·4·3·2·1

❿ 나는 나대로 엄마는 엄마대로 생각이 있다 ··················· 5·4·3·2·1

◎ 진단

Part1, Part2 각각 15점 이상 ➡ 자립형

Part1 15점 이상, Part2 15점 미만 ➡ 의존형

Part1 15점 이하, Part2 15점 이상 ➡ 소원(疏遠)형/소홀형

Part1, Part2 각각 15점 미만 ➡ 밀착형

Part1은 엄마와 신뢰관계를 어느 정도 쌓고 있는지를, Part2는 엄마에게 심리적으로 얼마나 분리되어 있는지를 측정한다. 이 두 가지 조합은 모녀의 애착관계가 어떤지, 딸이 어느 정도 엄마를 받아들이고 있는지를 알 수 있는 훌륭한 척도가 된다.

여기에서는 모녀가 심리적으로 어느 정도 거리를 유지하고 있는지를 네 가지 유형으로 분류해서 각각의 심리적 대물림에 대해 다루도록 하겠다. 각 형태의 특징은 참고문헌인 미즈모토 미키와 야마네 리쓰코의 논문 〈청년기에서 성인기로의 이행기에 나타나는 모녀관계(青年期から成人期への移行期における母娘関係)〉를 참고했다.

| 자립형 |

이 유형은 '엄마와 심리적으로 분리되어 있지만 정신적인 거리가 가까운, 신뢰관계가 구축된 관계'이다. 어떤 의미에서는 이상적인 관계라 할 수 있다.

심리적 대물림의 관점에서 말한다면 좋은 대물림이 일어나기 쉬우며 나쁜 대물림은 잘 일어나지 않는 관계다. 딸이나 엄마, 혹은 두 사람 모두 성숙한 어른이라 할 수 있다.

단 한 가지 조심해야 할 점이 있다. 상대와 자신 모두에게 지나치게 어른스러울 것을 요구하지 않는 것이다.

Part1 혹은 Part2가 20점 미만인 사람은 상황에 따라 의존형이나 밀착형이 되는 경우도 있기 때문에 다음 해설도 읽어보기 바란다.

| 의존형 |

이 유형은 '엄마와 심리적으로 분리되지 못해 정신적으로도 행동 면에서도 엄마와의 거리가 가깝지만 신뢰관계는 구축되지 못한 관계'다.

이 유형은 불안을 느끼면서도 엄마에게 의존한다. 따라서 나쁜 대물림이라는 사실을 깨닫기는 하지만 그것에 의문을 품어도 되는지를 불안해하기 때문에 좀처럼 변하지 못한다. 또한 좋은 대물림이 일어나더라도 엄마에게 회의적이므로 그것을 자신에게 알맞게 적용하지 못한다.

엄마에게 회의적이면서도 기대는 이유는 대개 자신감이 없기 때문이다. 이는 엄마가 무엇이든 다 해주는 사람이거나 잔소리가 심하며 비판적인 경우에 자주 나타난다.

당신이 딸이라면 자신감을 갖는 것이 중요하다. 의존적이라는 것은 무엇이든 엄마가 해주었다는 것을 의미할 뿐 아니라, 엄마가 하라는 대로 했다는 얘기다. 사실 스스로 할 수 있는 일이 분명 있을 것이다. '괜찮아. 나는 할 수 있어'라고 믿고 노력한다면 자신감이 붙을 것이다.

당신이 엄마라면 딸을 더욱 믿어야 한다. 애초에 나쁜 대물림을 깨닫기 쉬운 유형이기 때문에 자신감이 생기면 나쁜 것을 끊어내는 데도 그다지 거부감을 느끼지 않게 될 것이다.

| 소원(疎遠)형/소홀형 |

이 유형은 '심리적으로 엄마와 분리되어 있고 정신적으로도 행동 면에서도 엄마와 거리가 멀며 신뢰관계도 구축되어 있지 않은 관계'다.

이 유형의 딸들은 주로 엄마에게서 벗어나고 싶어하고, 벗어나야 한다고 말한다. 이 유형은 대개 엄마와 딸이 서로를 신뢰하지 못한다. 심리적 대물림에 대해서도 나쁜 대물림을 너무나 두려워한 나머지 좋은 것까지 부정하는 경향이 있다.

거리를 두는 것도 딸이 엄마와 관계를 맺는 방법 중 하나이므로, 자신의 딸이 이 유형이라 해도 너무 서운해 하지 말고 인정하는 것이 중요하다. 엄마는 쫓아가지도 말고 내버려두지도 말고 적당한 거리에서 딸을 지켜봐주는 것이 좋다. 그러면 딸과 신뢰관계를 맺을 수 있다.

반대로 딸이라면 엄마에게 인정받지 못한다는 생각이 강할지도 모른다. 그래도 이 관계를 극복하려고 마음먹었다면 엄마를 인정하는 것이 중요하다. 엄마가 싫더라도 엄마의 좋은 점을 찾아 따라할 수 있는 것은 따라해 보자. 소홀한 관계를 극복할 힘이 될 것이다.

| 밀착형 |

이 유형은 '심리적으로 엄마와 분리되어 있지 않고 정신적으로도 행동 면에서도 엄마와 거리가 가까우며, 신뢰관계도 구축된 관계'다.

이 유형을 띠는 딸의 특징은 엄마에게 의문을 품지 않는다는 것이다.

따라서 나쁜 대물림을 깨달을 수도 없다. 심리적 대물림으로 인해 망가져서 아무것도 못하는 사람이 되기 전에 조금씩 엄마의 품에서 독립하는 연습을 해야 한다.

타고난 솔직함이 엄마와의 신뢰관계를 쌓아올렸고, 좋은 대물림도 많이 일어나므로 엄마의 모든 것을 의심할 필요는 없다. '나와 엄마는 다른 사람이다', '엄마가 언제나 옳다고는 할 수 없다'고 느끼는 것을 두려워하지 말아야 한다. 그런 생각을 이따금 떠올림으로써 점점 나쁜 대물림을 깨닫게 될 것이다. 깨닫기만 한다면 고쳐 나가면 된다. 그것이 엄마와 더욱 좋은 관계를 유지해가는 방법이라는 것도 금방 알게 될 것이다.

당신이 엄마라면 딸을 위한다는 이유로 자기 입장에서 딸을 복종시키고 있지는 않은지 돌이켜 보는 것이 좋다.

엄마와 딸의 관계는 점점 변화한다. 그러므로 자신이 성장하고 엄마가 나이가 들면서 체크리스트의 유형이 변할지도 모른다. 잘하고 있다고 생각했는데 좌절하거나, 도저히 못 하겠다고 생각했는데 어느새 극복하거나…. 이 기회를 통해 과거에 엄마와 어떤 유형이었는지 돌이켜보거나 앞으로 딸과의 관계가 어떻게 변화할지를 상상해보는 것은 어떨까? 자신의 과거와 미래를 생각하는 것은 당신의 엄마와 딸을 이해하는 데 도움이 될 것이다.

심리적 대물림을 결정짓는 '애착'

모녀지간의 심리적 대물림은 '애착'의 질이 좌우한다. 그렇다면 모녀 사이에서 형성되는 이 애착이란 어떤 것일까.

인간은 자라는 과정에서 자신을 돌봐주는 상대에게 애착을 느끼고 애착관계를 형성한다. 그것을 시초로 점점 애착의 대상이 넓어진다. 처음 형성되는 애착관계가 안정적이면 새로운 애착대상과의 관계도 안정적이다.

여기에서 말하는 애착이란 자신의 주위 사람이나 물건, 때로는 경험에 대해 느끼는 애정을 말한다. 이 애착은 우리가 자립하는 과정에서 매우 중요한 역할을 한다. 따로 나와 살거나 결혼하는 등 물리적으로 독립하는 것 뿐만 아니라, 심리적으로 독립하기 위해서는 안정적인 애착관계 형성이 반드시 필요하다. 애착은 엄마가 딸에게 물려주는 심리적 대물림과 깊은 연관이 있다.

엄마와의 애착관계가 안정적인 딸은 자립적이고 엄마를 기댈 수 있는 대상으로 볼 뿐 아니라 엄마가 자신에게 기대는 것을 허용한다. 이런 관계 속에 있는 딸은 삶의 방식을 상대적으로 받아들이기 때문에 엄마의 방식을 반복하려 하지 않는다.

그와는 반대로 엄마와의 애착관계가 안정적이지 못하면 엄마와의 관계를 고집하여 대물림하기 쉽다.

애착이 곧 신뢰관계라는 관점에서 보자면, 앞서 나온 체크리스트는 애착을 통해 어떤 신뢰관계를 맺고 있는지, 그리고 심리적으로 얼마나 엄마와 분리되어 있는지를 조합해서 모녀관계를 파악하고 있다고 할 수 있다. 신뢰관계와 심리적인 분리 모두 점수가 높은 자립형은 딸이 자립함으로써 엄마에 대한 딸의 배려가 높아진다고 한다. 즉 엄마를 한 사람의 인간으로 받아들이기 때문에 엄마의 가치관에 휘둘리지 않고 자신의 가치관으로 살아간다.

여기에서 중요한 것은 딸이 스스로 판단을 내리고 살아간다는 것이다. 설사 엄마의 가치관이나 삶의 방식을 답습한다 하더라도 자신의 판단이기 때문에 그것은 모방이나 대물림이 아니다.

예를 들어 당신의 엄마가 이혼을 반복하는 인생을 살았다고 치자. 그렇게는 살지 말아야지 했는데 당신도 이혼을 하게 되었다. 하지만 이는 당신 스스로 판단하여 선택한 것이므로 대물림이라 할 수 없다.

그런 의미에서 딸이 얼마나 엄마에 대한 애착을 가지고 속박으로부터 자립할 수 있는가가 자신의 인생을 좌우하는 열쇠라 할 수 있다.

엄마와 딸의
적당한 거리

부모와 자식은 '공의존(共依存)'의 원형

서로에게 의지하는 것은 당연하다

거리를 두면 오히려 가까워진다

부모와 자식은
'공의존(共依存)'의 원형

한 세대에서 다음 세대로 이어지는 모녀간의 밀접한 관계를 말할 때 이른바 '공의존'이라는 말이 사용된다. '공의존'이란 원래 알코올 중독의 임상 연구에서 생겨난 용어인데 최근에는 대인관계 중독에서 사용될 때가 많다. 한 사람이 다른 사람에게 지나치게 의존하고 다른 한 사람은 그 상대에게 자기를 희생하며 모든 것을 쏟아 붓는 뒤틀린 상황이 지속되는 관계를 말한다.

가령 심한 술주정이나 폭력 등의 문제가 있는 남자와 좀처럼 헤어지지 못하는 연애관계 등이 전형적인 공의존의 예로 꼽힌다. 이 경우 보살피는 사람은 보살핌 받는 사람의 행동에 계속 신경을 쓰고 모든 것이 자신의 책임인 것처럼 행동한다. 한편 보살핌 받는 사람은 내켜 하지 않으면서도 자신을 완전히 내맡기며 의존하는 경우가 대부분이다.

　최근 부모·자식 사이에서도 공의존적인 관계가 자주 보이는데, 실은 부모와 자식은 공의존의 원형이라 할 수 있다.

　아이는 태어난 직후에는 혼자서 아무것도 할 수 없다. 그러므로 부모에게 전적으로 의존한다. 어떤 의미로는 가장 극적인 형태의 의존상태인데, 그런 아이를 부모가 헌신적으로 키우는 것이 육아다. 아이는 성장하여 조금씩 혼자서 하려고 하고(자립성), 자신의 의지로 다양한 경험을 하기 시작한다(자주성). 그러나 의존관계가 완전히 사라지는 것은 아니다.

　한편, 아이가 자립성과 자주성을 갖추기 시작하면 그 변화에 맞춰서 부모도 아이에게 의존하기 시작한다. 이렇게 부모·자식관계는 진정한 의존의 결정체라 할 수 있다.

　아이가 성장해서 어느 정도 스스로 자신을 돌볼 수 있게 되었다고는 해도 여전히 혼자서는 살 수 없으므로 부모에게 의존하는 상태가 지속된다. 그러므로 부모는 아이가 살아갈 수 있도록 헌신을 다 해야 한다.

　그러나 '우리 부모님도 나를 그렇게 키워주셨으니까' 하고 생각할 뿐, 부모는 자신의 육아를 '희생'이라고 생각하지 못하는 경우가 많다. 그러다가 어느 날 갑자기 정신이 들면 '나는 정말 대단해' 또는 '나는 정말 형편없어. 부모 자격 미달이야' 하는 생각이 들지도 모른다. 후자의 경우 부모·자식관계는 보다 공의존적인 색채를 띨 가능성이 높다.

서로에게 의지하는 것은
당연하다

공의존의 또 다른 특징은 '상대를 통제해서 자기 마음대로 조종하려는 것'이다. 가령 좋은 대학에 들어가기를 바란다거나 유명한 운동선수가 되기를 바라는 것이다. 하지만 그렇게까지 구체적인 바람이 아니더라도 '훌륭한 사람이 되기를 바란다'와 같은 일반적인 생각도 아이 입장에서는 자신을 통제하는 속박이 될 수 있다. '네가 하고 싶은 대로 하라'는 말도 어떤 의미에서는 부모의 조종이라 할 수 있다.

자기가 부족한 부모라는 두려운 마음에 아이에게 헌신하는 부모는 아이를 통제하지 않는 것처럼 보이지만 실제로는 그렇지 않다. 그들은 늘 신경을 곤두세우며 지나치게 챙겨줌으로써 아이가 자랄 방향을 결정해버린다.

공의존 경향이 강한 부모는 아이를 돌보는 것에서 자신의 존재 가치를 찾기 때문에(혹은 찾아야만 한다고 믿고 있기 때문에) 무의식으로 아이가 자립하는 것을 두려워하는 것이다.

부모가 그런 생각에 빠져 있는 한, 아이는 부모의 보살핌을 귀찮게 여기고 반발한다. 혹은 그대로 부모에게 기대어 있다가 아무것도 할 수 없는 인간으로 자랄 가능성도 있다.

지극히 당연한 것처럼 보이는 '정직하게 살기 바란다'와 같은 부모의 바람은, 오히려 지나치게 단순하기 때문에 아이가 받아들이기 어렵다. 특히 사춘기가 되면 제 생각과 현실사회의 모습이 뒤엉켜서 자신의 내면이 부모와 갈등을 일으키게 된다. 이번에는 아이가 부모를 얼마나 충실히 따라야 하는지, 자기희생적인 부모의 주장을 얼마나 실천에 옮겨야 하는지 하는 과제에 직면한다.

지나치게 부모를 따르며 헌신하는 아이는 오히려 부모를 무의식적으로 통제하는 경우가 있다. 즉, 부모의 기대에 부응하지 못하는 아이를 연기함으로써 언제까지나 부모에게 기대는 상황을 만들어 부모에게 죄책감을 느끼게 한다.

"이것 봐요. 엄마 딸은 시간이 지났는데도 전혀 성장하지 못했어요. 이게 정말 제 잘못인가요?" 하는 태도를 끝까지 고수하는 것이다.

이처럼 아이가 자립해 가는 과정에서 부모·자식의 관계는 다양한 상황에 맞닥뜨리며, 반드시 공의존 상황에 직면한다. 그리고 그것과 싸우면서 아이도 부모도 성장해 간다. 이러한 투쟁은 오랜 시간이 걸리거나 극단적이고 비참한 관계를 낳기도 하는데 그것이 어느 한두 사람의 특별한 경우는 아니다. 오히려 이것이 본질적인 부모와 자식 관계라고 해야 할 것이다.

그런 의미에서는 공의존을 이해하고 부모와 자식 관계를 생각하는 것은 좋지만 부모·자식 간의 뒤틀린 관계를 모두 공의존 탓으로 돌리는 것은 본말전도다. 공의존을 없애는 것은 현실적으로 매우 어렵다. 그것은 인력에 의해 천체가 균형을 잡고 있는데 서로 끌어당기는 것은 좋지 않기 때문에 인력을 없애야 한다는 주장과 같다.

각자가 알맞은 거리를 유지하면서 균형 잡힌 관계를 맺는 것이 이상적이다. 그러나 공의존적 경향(이런 아이였으면 좋겠다. 이런 부모였으면 좋겠다)은 결코 사라지지 않고 부모·자식 관계 속에 늘 존재한다.

거리를 두면
오히려 가까워진다

공의존의 장단점을 더욱 확실히 볼 수 있는 것이 엄마와 딸의 관계가 아닐까. 엄마와 딸의 관계 중에도 공의존적 관계라고 한다면 엄마가 딸에게 헌신하거나 딸이 지배적인 엄마에게 기대는 모습 등이 떠오를지도 모른다.

공의존의 기초가 되는 부모와 자식의 애정관계는 원래 부자(父子)보다는 모자(母子)가 훨씬 강하다. 일반적으로 여성이 정서적인 감성이 뛰어나기 때문이다. 그러니 정서적 감정이 뛰어난 두 여성의 관계인 모녀지간에 공의존적인 관계가 자주 나타나는 것은 어쩌면 당연한 것이다.

이 경우 공의존적 관계는 결코 나쁜 의미만 갖지는 않는다. 공의존은 '돌봐주고 싶다. 상대에게 도움이 되고 싶다. 나를 받아들 여줬으면 좋겠다. 상대를 받아들이고 싶다'라는 따뜻한 애정관계 의 발로라고 볼 수도 있다.

이러한 '약간의 공의존'은 어떤 모녀 관계에서나 볼 수 있다. 그 러나 '지나친 공의존'이나 '완전한 공의존'은 서로에게 도움이 된다 해도 제대로 유지해갈 수 없다. 자신의 삶의 방식을 상대가 정하 고 상대의 삶의 방식을 자신이 정하기 때문에 '나다움'이나 '내가 살아간다는 실감'을 할 수 없기 때문이다. 이 책에서 소개해온 대 부분의 모녀는 지나친 공의존 관계였다.

공의존은 누구나 경험하지만 자애로움의 바탕이 되기 위해서 는 의존하기보다는 인간관계를 맺어야 한다. 그것을 자립이라고 부르는데 서로에게 기대는 것이 아니라 자기 일은 자기가 책임지 는 것을 의미한다.

자립(自立)이란 스스로(自) 서는(立) 것이다. 인간관계와는 전혀 상관없는 것처럼 들리지만 우리는 사회적 동물이기에 인간관계를 통해 비로소 진정한 자립을 하게 된다. 자립은 나와 상대를 옥죄 는 상태에서 사랑하는 상태로 변화시킨다.

엄마와 딸 사이에는 완벽한 자립이 어렵다. 딸과 엄마의 안정적 이고 건전한 관계는 '완벽한 자립'보다는 조금씩 거리를 두는 '약 간의 자립'이 가장 바람직하다.

제5장 엄마와 딸의 적당한 거리

그렇다면 이 '약간의 자립'을 어디서 배워야 할까.

딸이 엄마와의 사이에서 자립관계를 체험하는 것은 어렵다. 좋은 의미에서든 나쁜 의미에서든 딸과 엄마의 흡인력은 강하기 때문이다. 필자는 억지로 엄마에게 자립을 배우려 할 필요는 없다고 생각한다.

'집에 가서 엄마가 손수 만들어준 요리를 먹으면 마음이 놓이고 어린 시절로 돌아가 마음껏 응석을 부리고 싶어진다.'

몇 살을 먹어도 그런 모녀관계에는 변함이 없다.

엄마의 품에서 억지로 자신을 자립시키려 하지 말고 학교 등의 집단생활이나 친구관계, 사회에 나가서 일로 엮이는 인간관계, 혹은 몇 차례 연애를 경험하면서 '나답게 살아가는' 자립을 배우는 것이 좋다. 그리고 언제든 엄마 품에 돌아올 수 있다면 그것이 가장 이상적이지 않을까.

남자, 남편, 그리고 아버지로서

이 책에 소개된 열한 가지 이야기는 정신분석이나 인지요법, 혹은 다양한 심리요법 전문가들의 눈에는 무척 지루해 보일 수도 있습니다. 그저 엄마와 딸을 상담한 이야기가 담담하게 적혀 있을 뿐이니까요. 좀 더 일찍 사례연구로 정리해서 학회나 연구회에서 답을 구해야 하는 것들인지도 모르겠습니다. 하지만 제가 만난 엄마와 딸의 이야기는 그런 연구나 분석에는 어울리지 않는다는 생각이 듭니다.

엄마를 비판하거나 엄마의 엄마에게서 원인을 찾거나 딸의 응석을 지적하기는 쉽습니다. 남편이나 아버지가 제대로 된 역할을 하지 않는다고 남성의 잘못을 지적하는 것도 간단한 일입니다. 하지만 서로에게 애정을 느끼면서도 다가가지 못하는 모습을, 때로는 아버지가 되어, 때로는 남편이 되어 지켜보며 그녀들이 스스로 새로운 길을 열도록 독려하는 것이 제 의무라고 생각합니다.

엄마는 딸에게 때에 따라 천사가 되기도 하고 악마가 되기도 합니다. 분명한 사실은 엄마가 어떤 모습으로 대하든 딸은 언젠가 반드시 엄마 곁을 떠난다는 것입니다. 하지만 때때로 딸은 다시금 엄마를 원하고 엄마의 품으로 돌아가기를 바랄 것입니다.

엄마와 딸이 서로 미워하더라도 속으로는 서로 원하고 있으며 증오할 정도로 사랑하고 있다는 사실을 깨달을 때, 모녀를 옭아매는 악순환의 고리는 자연스럽게 풀릴 것입니다. 악순환에서 벗어나면 엄마와 딸은 몸이 떨어져 있더라도 서로를 가장 잘 이해하는 동반자이자 언제나 자신을 자극하는 좋은 경쟁자라고 인정하게 되겠지요.

성인이 된 딸은 엄마 품을 떠나 새로운 곳을 향해 날갯짓을 합니다. 엄마는 언젠가 딸이 돌아와 편히 쉴 수 있도록 따뜻한 품이 되어 딸을 기다려야 합니다. 상담사로서 제가 할 수 있는 일은 딸이 날갯짓하는 것을 지켜봐 주고, 딸을 기다리는 엄마에게 힘이 되어 주는 것입니다.

지금껏 만나온 엄마와 딸들을 떠올리면 만감이 교차합니다. 그분들을 다시금 생각하고, 그분들의 훌륭함을 많은 분께 전할 수 있도록 이 책을 기획해주신 분들께 진심으로 감사드립니다.

열정적으로 살아온 여러분들 덕분에 엄마와 딸의 고통과 훌륭함을 경험할 수 있었습니다. 그 감동을 감격으로 바꾸어 늘 마음속에 간직하고자 합니다.

다시 한 번 진심으로 감사드립니다.

호로이와 히데아키(襃岩秀章)

■ 참고문헌

1. 이토 유코(伊藤裕子) · 오부치 아키코(小渕暁子) · 고마사키 유리코(駒崎由利子) 논문 〈유아를 키우는 엄마의 육아스트레스와 소외감(幼児を持つ母親の育児ストレスと疎外感)〉(2002년)

2. 미즈모토 미키(水本深喜) · 야마네 리쓰코(山根律子) 논문 〈청년기에서 성인기로의 이행기에 나타나는 모녀관계(青年期から成人期への移行期における母娘関係)〉(2011년)